[MusiX]

Das Kursbuch Musik 2

Schülerarbeitsheft 2

für den Unterricht an allgemeinbildenden Schulen

von Markus Detterbeck
und Gero Schmidt-Oberländer

unter Mitarbeit von Joachim Fischer

HELBLING

Innsbruck • Esslingen • Bern-Belp

Arbeitsheft zum Schülerband
MusiX. Das Kursbuch Musik 2
S6942
ISBN 978-3-86227-105-4

Im Schülerarbeitsheft wird auf Audio-CDs, eine DVD und CD-ROM verwiesen. Diese enthalten ausschließlich optionale Unterrichtsmaterialien; sie unterliegen nicht dem staatlichen Zulassungsverfahren.

Redaktion: Reingard Lipp, Alwin Wollinger
Illustrationen: Achim Schulte (Dortmund), Inkje Dagny von Wurmb (Stuttgart)
Notensatz: Susanne Höppner, Neukloster
Layout und Satz: Marcus Koopmann, Rheurdt
Umschlag: Marinas Werbegrafik, Innsbruck
Druck und Bindung: Athesia Druck, Bozen

Quellenverzeichnis:

Bilder: Archiv: S. 31 (l., m. l., r.), S. 32 (l., r.); BPK: S. 13 (o.); Corbis: S. 34, 55, 73; DPA Picture Alliance: S. 37; iStock/4x6: S. 30 (o. r.); Marcus Koopmann: S. 31 (m. r.); Alice Paley, Homepage David Garrett: S. 13 (m.); Dennis Scheilin; Maiskolbefetzer Eschbach 1988 e. V.: S. 36; Ullstein Bild: S. 10; Ullstein Bild – Reuters/Gary Hershorn: S. 13 (u.); Wikimedia: S. 72
Noten: S. 11: Everything's Alright © Universal Music Publ. GmbH/MCA Music GmbH, Berlin; S. 12: Paparazzi © House of Gaga Publishing Inc./June Bug Alley/Sony ATV Songs Llc./Sony-ATV Tunes Llc. Sony/ATV Music Publishing (Germany) GmbH, Berlin; S. 46: The Lion Sleeps Tonight © Abilene Music Inc. Melodie der Welt/J.Michel KG Musikverlag Frankfurt; S. 72: Clapping Music © Universal Edition A.G., Wien.

S6944
ISBN 978-3-86227-107-8

1. Auflage A1[10] / 2020

Alle Drucke dieser Auflage können im Unterricht nebeneinander benutzt werden; sie sind untereinander unverändert.

Inhaltsverzeichnis

Kapitel 9:
Musiktheater

Kapitel 10:
Akkorde

Kapitel 11:
Rock und Pop II

Kapitel 12:
Musik in Form

Kapitel 13:
Klassik

Kapitel 14:
Fremd und vertraut

Kapitel 15:
Musik und Medien

Kapitel 16:
Klangwelten

Anhang

Music Makes the World Go Round

(→ SB, S. 6)

Aufgabe 1

(→ SB, S. 7, A 2)

a) Notiere die ersten beiden Takte des Refrains von „Terrific" in der oberen Notenzeile.

[Tipp] Achte dabei auf die richtigen Vorzeichen und die Taktangabe!

Terrific (Refrain)

Text u. Musik: M. Detterbeck
© Helbling

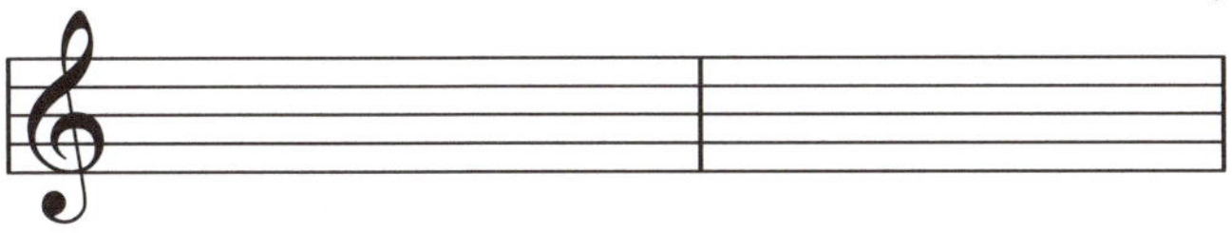

____

Veränderte Version

b) Vergleiche die beiden Takte des Refrains mit der veränderten Version. Markiere die Stellen, an denen der Refrain von der veränderten Version abweicht.

c) Wie nennt man das rhythmische Phänomen im zweiten Takt, das in der Rock- und Popmusik eine wichtige Rolle spielt?

____

d) Singe oder spiele beide Versionen und beschreibe die veränderte Wirkung im Refrain.

____

____

____

____

Grundwissen aufgefrischt

Fachbegriffe rund um den Rhythmus

Beschrifte den kurzen Melodieausschnitt, der aus der 9. Sinfonie („Aus der neuen Welt") des böhmischen Komponisten Antonín Dvořák (1841–1904) stammt.

a) Trage die folgenden Fachbegriffe in die Kästchen ein:
Notenwerte – Pause – Punktierung – Synkope – Taktart

b) Schreibe unter die Begriffe jeweils eine kurze Erklärung.
[Tipp] Die „Grundwissen aufgefrischt"-Box im Schülerbuch (S. 7) hilft dir dabei.

Kontraste – ein Marsch, ein Tanz

(→ SB, S. 8)

Aufgabe 2 A 5–7

(→ SB, S. 9, A 2)

In seinem Ballett „Der Nussknacker" lässt Tschaikowski die Zinnsoldaten paradieren.

a) Höre dir das Hauptmotiv an und verfolge den Notentext. Lies dir anschließend die kurze Analyse zum Hauptmotiv durch. Trage die markierten Fachbegriffe der Analyse in die Kästchen im Notentext ein.

Marsch (Ausschnitte)

P. Tschaikowski

Hauptmotiv

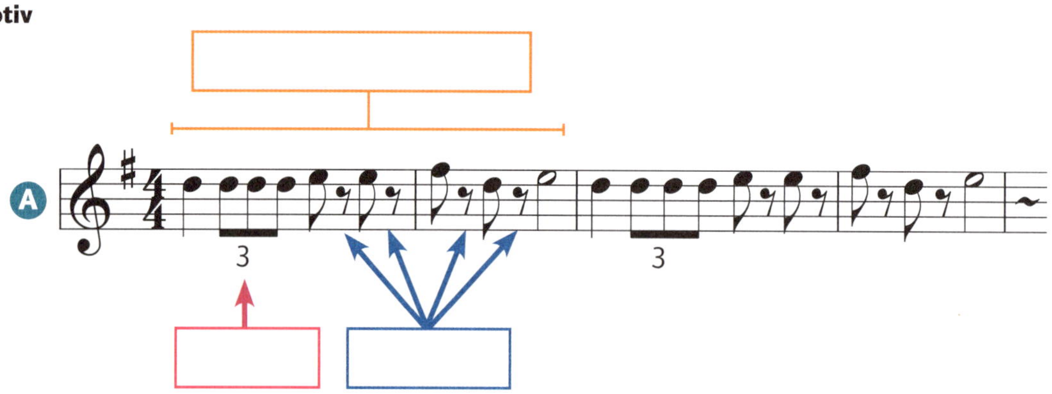

Analyse:

Im Hauptthema wird ein zweitaktiges Motiv wiederholt. Das Motiv wirkt durch die Verwendung der Triole und Tonwiederholungen markant. Die Pausen bewirken, dass die Noten nur kurz angespielt und deswegen „zackig" wirken. Dadurch entsteht der Eindruck einer Militärparade.

b) Vergleiche nun das Hauptmotiv mit den beiden folgenden Notenbeispielen. Benenne jeweils Gemeinsamkeiten und Unterschiede zum Hauptmotiv mithilfe folgender Auswahlbegriffe:

Auswahlbegriffe: *hüpfender, beschwingter Rhythmus – längere Notenwerte – nach unten steigende Melodie – rhythmische Ähnlichkeit – rhythmischer Kontrast – Terzsprünge – Tonwiederholung*

Aufgabe 3 A 5–7

(→ SB, S. 9, A 3)

a) Höre den gesamten Marsch „Der Nussknacker“ an. Trage in den Ablaufplan die Abfolge der Motive A, B und C ein. Jeder Abschnitt umfasst vier Takte.

Ablaufplan:

Motiv	A				
Beschreibung	Wdh., Bläser				

b) Trage im Ablaufplan unter „Beschreibung“ eine der Aussagen ein, die du auf den Kärtchen im Schülerbuch (S. 9 unten) findest. Markiere anschließend farbig, wo die musikalischen Gestaltungsmittel **Wiederholung**, **Veränderung** oder **Kontrast** benutzt werden.

Grundwissen aufgefrischt

Vortragsbezeichnungen

Im Suchgitter sind 21 Fachbegriffe versteckt. Markiere sie farbig und ordne sie den verschiedenen musikalischen Parametern zu.

O	D	N	A	R	E	L	E	C	C	A	O	Y	E
E	R	S	P	I	A	N	I	S	S	I	M	O	Z
T	O	T	A	G	E	L	A	R	G	O	I	H	E
N	R	A	D	L	E	K	N	U	D	N	S	E	T
A	G	C	D	J	Z	T	A	C	E	T	S	L	A
D	E	C	R	E	S	C	E	N	D	O	I	L	M
N	L	A	N	O	D	N	A	D	R	A	T	I	R
A	L	T	R	E	M	O	L	O	F	O	R	T	E
J	A	O	G	L	I	S	S	A	N	D	O	F	F
I	O	N	A	I	P	R	E	S	T	O	F	J	S

Tempo	Allegro,
Lautstärke	
Artikulation	
Tonhöhe	
Klangfarbe	

Am Mischpult bei den *Wise Guys*

(→ SB, S. 11)

Aufgabe 4

Jeder Kanal eines Mischpults enthält:

- einen Lautstärke-Regler: Fader
- die räumliche Verteilung der Stimme auf die Lautsprecher: Panorama-Regler
- eine Stumm-Schaltung: Mute-Taste

a) Verbinde die blau markierten Fachbegriffe mit den entsprechenden Teilen des Mischpults.

b) Um bestimmte Mischpulteinstellungen schriftlich festzuhalten, nutzt man ein Mischprotokoll. Stelle die Werte im virtuellen Mischpult ein. Trage jeweils die Kanalnummern ein, auf die die entsprechenden Aussagen zutreffen.

Mute	● ○	● ○	● ○	○ ●	● ○	● ○
Pan						
Fader	*0*	*-30*	*-10*	*0*	*10*	*10*
Kanal	**1**	**2**	**3**	**4**	**5**	**6**

Stimme/Kanal

____ zu laut

____ falsch platziert

____ fehlt

____ zu leise

c) Benenne, welche Faktoren beim Abmischen wichtig sind.

Lautstärke: ______________________________

Hauptstimme (Melodiestimme): ______________________________

Panorama: ______________________________

____

Grundwissen aufgefrischt

Silbensprache: Werkzeug für die Arbeit mit Rhythmen

Für die Zweierunterteilung werden die Silben _____ und ______ verwendet.

Für die Dreierunterteilung werden die Silben _____ , ______ und _____ verwendet.

[Das habe ich in diesem Kapitel gelernt]

	Klar kann ich das!	Das gelingt mir meistens.	Das fällt mir noch schwer.
+ rhythmische Grundbegriffe sicher anzuwenden			
+ Musik mit angemessenen Fachbegriffen zu beschreiben			
+ musikalische Fachbegriffe musikalischen Parametern zuzuordnen			
+ mit einem virtuellen Mischpult umzugehen			
+ Grundlegendes zur Silbensprache			

Recyclical: Musik aus der Mülltonne

(→ SB, S. 14)

Aufgabe 1

(→ SB, S. 15, A 4a)

Gruppenarbeit: Überlegt in eurer Gruppe, wie ihr einen abwechslungsreichen Ablauf des Stückes von ca. 1 Minute gestalten könnt. Markiert im Ablaufplan farbig, an welchen Stellen welche „Instrumente“ spielen.

	Takt 1–4	Takt 5–8	Takt 9–12	Takt 13–16	Takt 17–20	Takt 21–24	Takt 25–28	Takt 29–32
Flasche								
Plastikbeutel								
Zeitungspapier								
Paper-Sticks								
Chant								

Allerlei Takt

(→ SB, S. 16)

! Grundwissen aktiv

Regelmäßige und unregelmäßige Taktarten

Ergänze den Lückentext.

Eine Gruppe von Grundschlägen bezeichnet man als __________ . Die Anzahl der ____________________ bestimmt in der Regel die ____________________ . Betrachtet man den Aufbau von **regelmäßigen Taktarten,** fällt auf, dass diese ausschließlich aus ______________________________ oder ______________________________ zusammengesetzt sind.

Ein 4/4-Takt besteht aus zwei __________________________ : 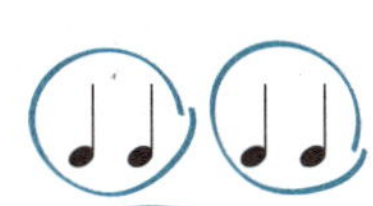

Ein 6/8-Takt besteht aus zwei __________________________ : 

In **unregelmäßigen Taktarten** sind Zweier- und Dreierbausteine __________________ . Dabei gibt es keine feste Vorgabe, in welcher Reihenfolge die Bausteine aufeinander folgen müssen.

Auswahlbegriffe: *Dreierbausteinen (2 x) – Grundschläge – kombiniert – Takt – Taktart – Zweierbausteinen (2 x)*

Markiere für die abgebildeten Beispiele eine mögliche Verteilung der Bausteine.

5/4 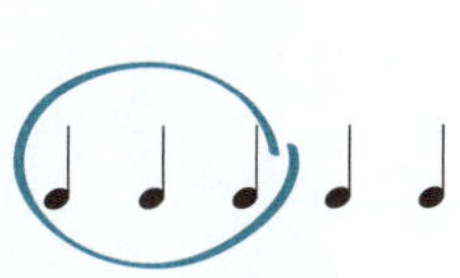   5/4    7/8 

Béla Bartók

(→ SB, S. 18)

Aufgabe 2

28–30

(→ SB, S. 18, A 3)

a) Höre dir das Hörbeispiel an und trage in der Tabelle ein, in welcher Reihenfolge die Notenausschnitte erklingen.

b) Notiere, welche Taktarten in den Abschnitten jeweils verwendet werden.

Abschnitt	Verwendung unterschiedlicher Taktarten?
A (Klarinette)	
B (Oboe)	
C (Viola)	

Aufgabe 3

(→ SB, S. 18, A 4)

Erkläre die Verwendung unterschiedlicher Taktarten in den verschiedenen Abschnitten des „Intermezzo Interrotto". Verwende dazu Bartóks Zitat und die Informationen zu seinem Leben im Schülerbuch (S. 18).

Aufgabe 4

(→ SB, S. 19, A 5/7)

a) Benenne Schwierigkeiten und Herausforderungen, auf die Bartók bei seiner Arbeit als Volksliedsammler stieß.

b) Überlege, warum Bartók sich intensiv mit dem Sammeln von Volksmusik beschäftigte. Notiere deine Überlegungen in Stichpunkten.

c) Du bist ein Journalist, der Bartók auf einer seiner Forschungsreisen begleitet. Schreibe einen Artikel für die Leser deiner Zeitung. Beschreibe z. B., was Bartók tut, was daran (für die damalige Zeit) ungewöhnlich ist, was er mit seiner Arbeit bezweckt. Hefte deinen Bericht hinten in dein Arbeitsheft ein!

Musiklabor 1: Takt

(→ SB, S. 21)

Aufgabe 5

(→ SB, S. 21, A 1)

Ordne die abgebildeten Magic-Beat-Sheets den zugehörigen Notenbeispielen zu und ergänze die fehlenden Taktangaben und Taktstriche in den Notenbeispielen.

A
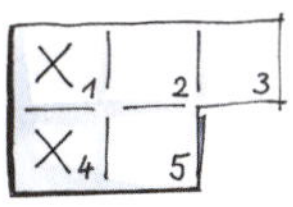

B
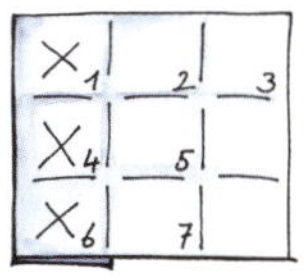

C
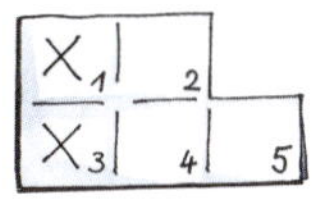

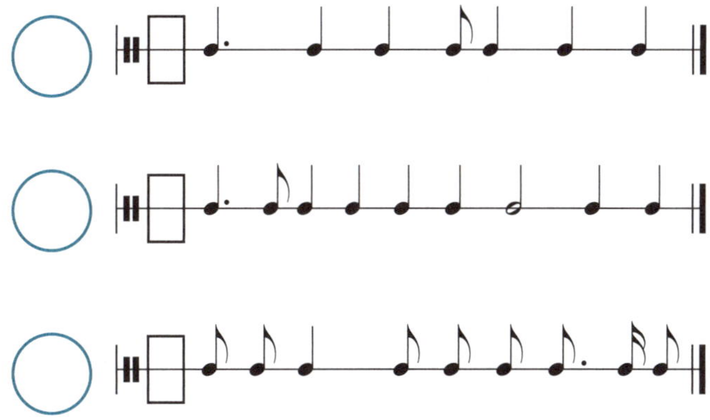

Aufgabe 6

A 34

(→ SB, S. 21, A 2)

Übertrage die Noten von „Everything's Alright" aus dem Schülerbuch (S. 21) in die untenstehenden Notenzeilen und ergänze die fehlenden Töne mithilfe des Hörbeispiels.

Everything's Alright

Musik: A. L. Webber, Text: T. M. D. Rice
©Universal

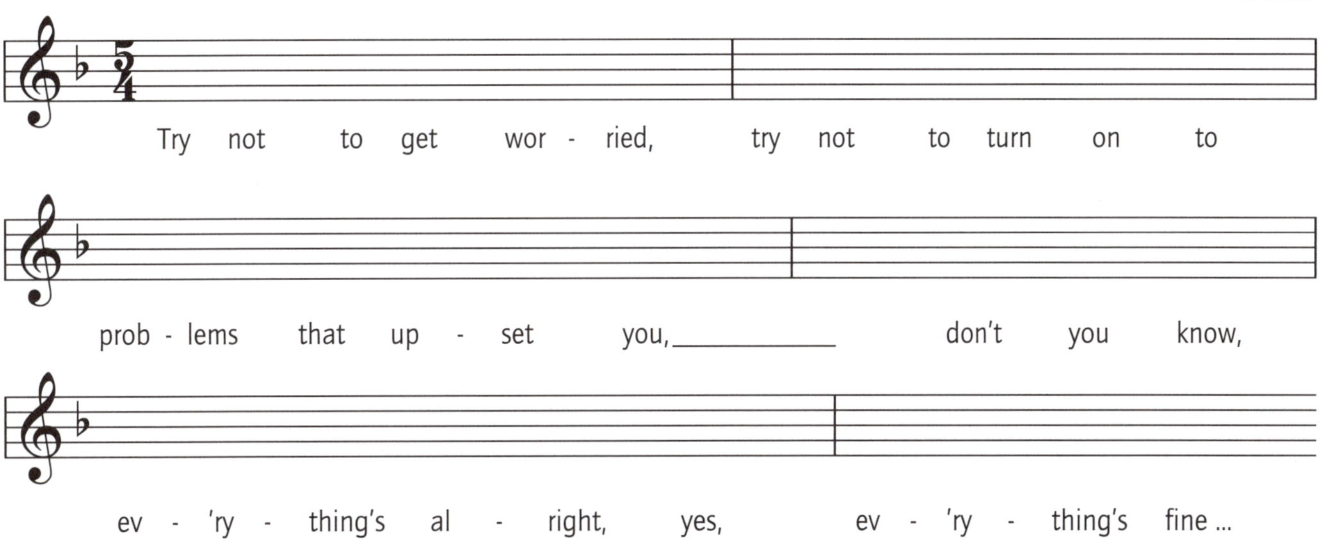

Aufgabe 7

A 35

(→ SB, S. 21, A 3)

Hörquiz: Ordne die vier Hörbeispiele den abgebildeten Rhythmen zu. Bestimme dann die Taktarten und trage sie in die Noten ein.

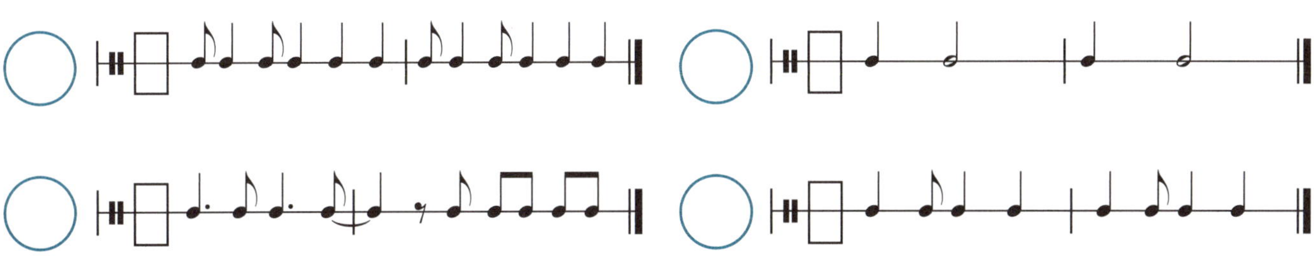

[Das habe ich in diesem Kapitel gelernt]

	Klar kann ich das!	Das gelingt mir meistens.	Das fällt mir noch schwer.
✚ mit Alltagsinstrumenten einen Groove zu spielen			
✚ unregelmäßige und regelmäßige Taktarten hörend und lesend zu unterscheiden			
✚ etwas über den Komponisten Béla Bartók			

Meine Musik – deine Musik

(➔ SB, S. 24)

Aufgabe 1

(➔ SB, S. 25, A 2)

a) Erstelle auf einem Blatt eine Übersicht über deinen Musikgeschmack und deine musikalischen Vorlieben. Die Fragen in den Sprechblasen helfen dir bei der Strukturierung. Gestalte die Seite mit Bildern, Skizzen, Pfeilen etc.

- Welche Musik/Bands/Sänger hörst du gerne?
- Welches Medium (Radio, MP3-Player, Computer etc.) verwendest du?
- Welche/s Instrument/e spielst du? Bist du Mitglied in einem Ensemble?
- Gibt es Musik, die dir überhaupt nicht gefällt?

b) Überlege, wie dein Musikgeschmack vor zwei Jahren war. Markiere auf dem Blatt **grün**, was gleich geblieben ist und **blau**, was sich verändert hat. Ordne das Blatt anschließend hinten im Arbeitsheft ein.

[Tipp] Nutze deine Aufzeichnungen aus dem Schülerarbeitsheft 1 A (S. 5).

Aufgabe 2

(➔ SB, S. 25, A 5)

Führe die Diskussion aus dem Blog im Schülerbuch (S. 25) auf einem Blatt Papier fort. Hefte das Blatt anschließend hinten im Arbeitsheft ab.

Das höre ich gern

Peter: Hey, Musik soll doch verbinden, nicht trennen, oder? Also, offene Ohren! 15:45

Sarah: 15:48

! Grundwissen aktiv

Leadsheet

In einem Leadsheet sind nur die wichtigsten Elemente eines Songs notiert. Beschrifte den untenstehenden Notenausschnitt.

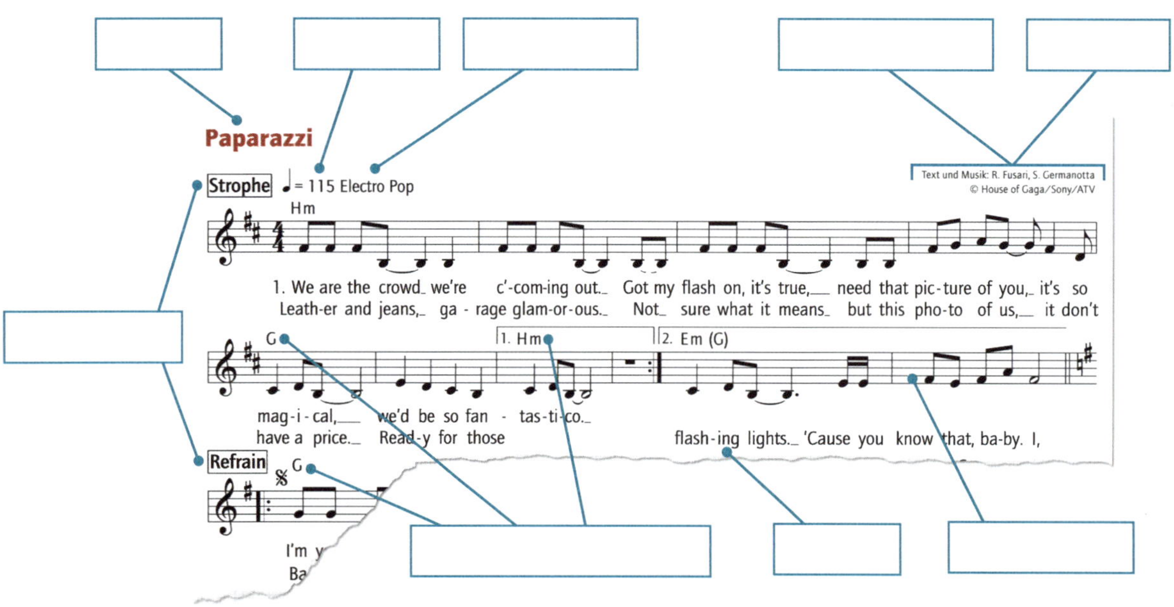

Auswahlbegriffe: *Akkordsymbole – Komponist – Melodie – Songteile – Stilistik – Tempo – Text – Texter – Titel*

Born to Be a Star

(→ SB, S. 28)

Talent alleine genügt selten. Um wirklich erfolgreich zu sein, braucht man viele weitere Eigenschaften und Merkmale.

Aufgabe 3

(→ SB, S. 29, A 1)

Vergleiche die Steckbriefe der drei Musiker im Schülerbuch (S. 28) miteinander. Recherchiere zusätzlich im Internet. Trage die Ergebnisse in die entsprechenden Felder der Tabelle ein.

	Talent	**Ausbildung**	**Starkult**	**Selbst-inszenierung**

Legal, sicher und fair

(→ SB, S. 32)

Manches, was einem legitim erscheint, ist nicht unbedingt legal ...

Aufgabe 4

(→ SB, S. 32, A 1a)

a) Erkläre was gemeint ist, wenn man von „geistigem" Eigentum spricht.

b) Im Lied der *Prinzen* heißt es: „Alles nur geklaut". Überlege, wie man geistiges Eigentum „klauen" kann. Denke dir ein kurzes Beispiel aus, um dies zu verdeutlichen.

Aufgabe 5

(→ SB, S. 32, A 1b)

Beim „Filesharing" (engl.: Daten teilen bzw. tauschen) in einer Internet-Tauschbörse wird nicht wirklich getauscht.

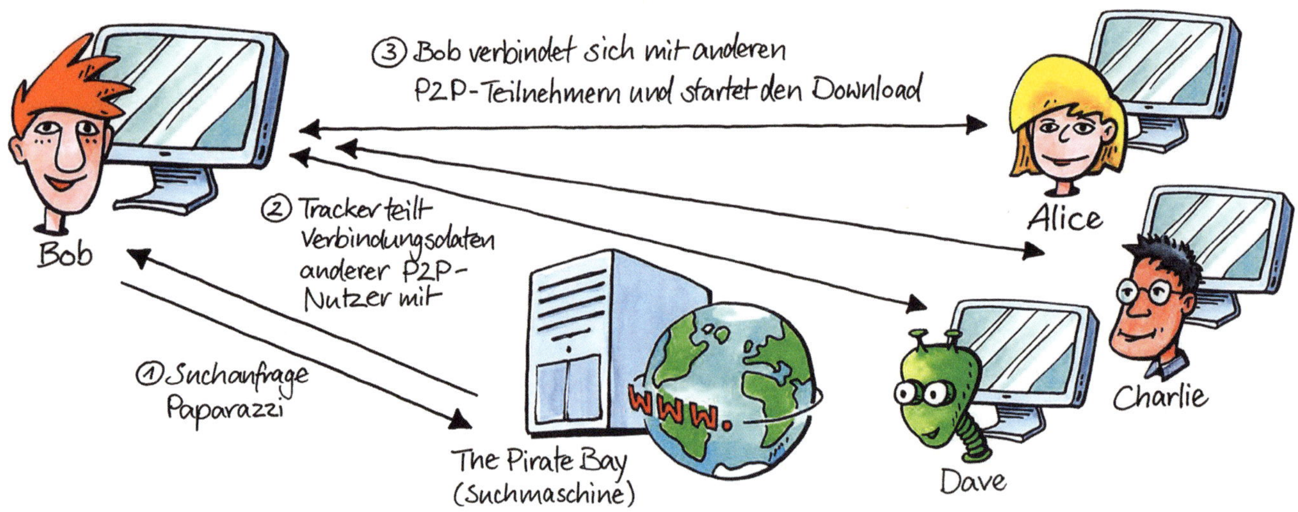

Info Filesharing: In „Peer-to-Peer-Netzwerken" (P2P) werden Daten „zum Tausch" angeboten. Sie bieten scheinbar kostenlosen Zugriff auf Spiele, Musik, Filme etc. Auch wenn ein in Deutschland geschütztes Musikstück absolut legal auf einem Server in einem anderen Land liegt, darf es von Deutschland aus nicht heruntergeladen werden, weil in diesem Fall das deutsche Urheberrecht gilt.

Betrachte die Grafik oben und beantworte die folgenden Fragen:

❖ Wer stellt die Dateien bereit?

____

❖ Wer lädt die Daten herunter und wo sind sie dann vorhanden?

____

____

❖ Warum ist diese Art des „Tauschens" illegal?

____

____

❖ Wer ist im Falle einer Entdeckung haftbar? Begründe deine Entscheidung.

____

____

____

[Das habe ich in diesem Kapitel gelernt]

	Klar kann ich das!	Das gelingt mir meistens.	Das fällt mir noch schwer.
+ über Musikgeschmack genauer nachzudenken			
+ welche Merkmale ein Leadsheet hat und was man unter einem Remix versteht			
+ Eigenschaften und Merkmale von drei Stars			
+ was geistiges Eigentum ist und wie das Urheberrecht dieses schützt			

Musik am Hofe des Sonnenkönigs

(→ SB, S. 38)

Aufgabe 1

(→ SB, S. 38, A 1)

Du hast dich im Schülerbuch (S. 38) mit dem Porträt von Ludwig XIV. und dem Schloss Versailles beschäftigt. Was verraten die Bilder darüber, wie man damals am Hof gelebt und gedacht hat?

Ludwig XIV.: ______________________________

____

Schloss Versailles: ______________________________

____

____

____

Aufgabe 2

(→ SB, S. 39, A 2)

a) Sieh dir den Videoausschnitt mit dem Auftritt Ludwigs XIV. an. Skizziere auf dem nebenstehenden Bühnengrundriss die Aufstellung der Personen, die an dem Tanz beteiligt sind.

b) Erläutere, was mithilfe des Tanzes vermittelt werden sollte. Nimm auch Bezug auf den Beinamen Ludwigs XIV. als „Sonnenkönig".

____

____

____

____

____

____

____

____

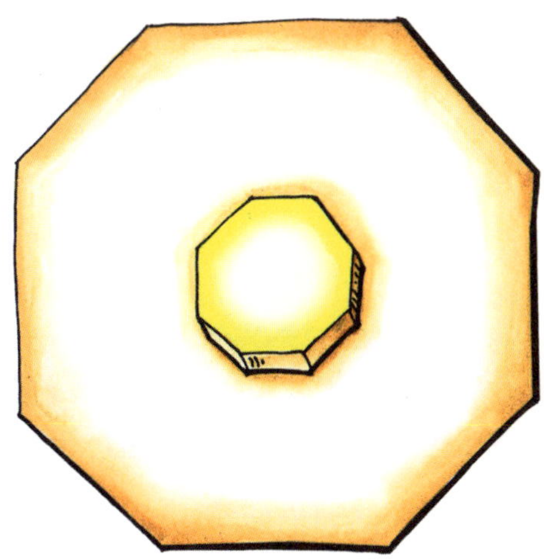

Grundwissen aktiv

Tänze der barocken Suite

Die Suite (von frz. *suivre* = folgen) erlebte in der Barockzeit ihre Blüte. Vier Tänze bildeten das „Grundgerüst" der meisten Suiten. Trage sie in der richtigen Abfolge in die Tabelle ein.

Typische Tanzabfolge einer Suite:

❶	❷	❸	❹
Allemande	______	______	______
(Schreittanz)	______	______	______

Trage ein, ob es sich um einen Schreit- oder Springtanz handelt.

Später wurde aus der Suite ein reines Instrumentalwerk, zur Musik wurde also nicht mehr getanzt.

Ein Tanz bei Hofe

(→ SB, S. 40)

Aufgabe 3

(→ SB, S. 41, A 5)

Du hörst vier Sätze aus einer Suite von G. F. Händel.
Notiere das typische Rhythmusmodell mit der richtigen Taktangabe und weitere Eigenschaften. Die Begriffswolke im Schülerbuch (S. 41) hilft dir dabei.

Tanz	Rhythmusmodell	weitere Eigenschaften
Sarabande		· Betonung auf Zählzeit 2
Allemande		
Courante		
Gigue		

! Grundwissen aktiv

Konzertierendes Prinzip – Concerto grosso

Ergänze den Lückentext.

Das „Konzertierende Prinzip" wird im ____________ vor allem im sogenannten ________________________ angewandt. Dabei steht eine größere Gruppe des _______________ , das sogenannte Tutti oder ______________ , einer kleineren Gruppe von _____________ , dem sogenannten ____________________ , gegenüber. „Concerto grosso" ist der italienische Begriff für ________________________ .

Auswahlbegriffe:
Barock – Concertino – Concerto grosso – großes Konzert – Orchester – Ripieno – Solisten

Feuer und Eis

(→ SB, S. 44)

In der Oper „King Arthur" gelingt es Purcell eindrucksvoll, mit musikalischen Mitteln einen Frostgeist aus der Tiefe heraufzubeschwören.

Aufgabe 4

(→ SB, S. 45, A 3)

a) Markiere die in der Tabelle angegebenen musikalischen Mittel im Notentext. Verwende dazu die jeweils in der Tabelle hinterlegten Farben.

b) Notiere in der Tabelle, was damit dargestellt sein könnte.

musikalische Mittel	Was wird damit dargestellt?
schrittweise aufsteigende Melodie	· Ansteigen der Spannung und Intensität
gleichmäßige Achtelbewegung	
Halbtonschritte (Chromatik)	
Wiederholung einer einzelnen Silbe auf demselben Ton (tremolo = Zittern auf einem Ton)	

Arie des Frostgeistes (Ausschnitt) B 10 H. Purcell

Aufgabe 5

(→ SB, S. 45, A 5)

Affekt: ______________

Affekt: ______________

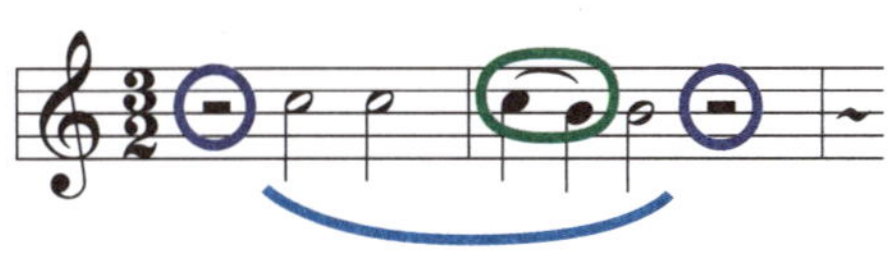

a) Ordne die unten beschriebenen musikalischen Mittel den farblich hervorgehobenen Stellen in den Noten zu. Ergänze dann, welche Gefühlsregungen mit den jeweiligen musikalischen Mitteln dargestellt sein könnten.

Auswahlbegriffe:
freudiges Ausrufen – in sich gekehrt sein – Jubel – Leid – Sprachlosigkeit – stammeln – stocken – verstummen – Wehklage

Farbe	Beschreibung	Bedeutung
	Melodie ohne viel Bewegung	
	absteigender Halbton	
	schnelle Drehbewegung	
	Pausen	
	Quartsprung nach oben	

b) Ordne den beiden Notenbeispielen jeweils **einen** der folgenden Gemütszustände (Affekte) zu:
Freude – Hass – Liebe – Trauer

Soli Deo Gloria – Das Weihnachtsoratorium von J. S. Bach

(→ SB, S. 46)

Aufgabe 6

B 13–16

(→ SB, S. 47, A 1)

In der zweiten Kantate beschreibt Bach die Begegnung zwischen Hirten und Engeln.

a) Ergänze die Namen der Kantatenteile (Sätze).

b) Erarbeite mithilfe der Hörbeispiele und der Noten im Schülerbuch (S. 46) die musikalischen Besonderheiten der Kantatenteile.

c) Ordne die Teile der Kantate dem Ablauf eines protestantischen Gottesdienstes zu.

Teile der Kantate	musikalische Besonderheiten (z. B. Besetzung, Art der Textvertonung, Inhalt des Textes ...)	Gottesdienstablauf
Instrumentale Einleitung	______ ______	______ ______
*R*______	______ ______ ______	______ ______ ______
*A*______	______ ______ ______ ______ ______	______ ______ ______ ______ ______
*C*______	______ ______ ______ ______	______ ______ ______ ______

! Grundwissen aktiv

Oratorium

Ergänze den Lückentext.

Ein ______ ist ein Werk mit mehreren Sätzen, in welchem sich ______ und Chorteile abwechseln.

Im ______ wird der Handlungsverlauf der Geschichte erzählt. Dabei ist der Gesang dem ______ angenähert und der Text meist ______ (eine Note pro Textsilbe) vertont. Meist wird der Sänger dabei von einem Basso ______ begleitet.

Die ______ dient dazu, ______ auszudrücken. Sie wird meist vom Orchester begleitet. Die Textvertonung ist häufig ______ (mehrere Noten pro Silbe), der Text wird kunstvoll ausgeschmückt.

Auswahlbegriffe:
Arie – continuo – Gefühle – melismatisch – Oratorium – Rezitativ – Sprechen – Soloteile – syllabisch

Epochenvisitenkarte Barock

(→ SB, S. 48)

Aufgabe 7

a) Trage die gesuchten Begriffe im Text ein. Die markierten Kästchen ergeben den Beinamen eines berühmten französischen Königs.

b) Ordne die Aussagen einem der folgenden Komponisten zu und trage den Namen in die Kästchen links entsprechend ein:

J. S. Bach – G. F. Händel – J. B. Lully – H. Purcell

1. [*Bach*] schrieb unter die meisten seiner Werke auf ☐☐☐☐☐☐☐☐☐☐ die Abkürzung S. D. G.
2. [ ] schrieb die ☐☐☐☐ „King Arthur".
3. [ ] lebte lange in ☐☐☐☐☐☐☐ und wurde dort George Frederic genannt.
4. [ ] zeigt in einer seiner Opern, wie drei ☐☐☐☐☐ eine Königin ins Unglück stürzen wollen.
5. [ ] schrieb ein weiteres Orchesterwerk für ein Feuerwerk auf der ☐☐☐☐☐☐.
6. [ ] schrieb ein Orchesterwerk, das in ☐☐☐☐☐☐ auf einem Fluss aufgeführt wurde.
7. [ ] verletzte sich mit einem ☐☐☐☐-Stock am Fuß.
8. [ ] schrieb das wohl bekannteste ☐☐☐☐☐☐☐☐☐ über die Weihnachtsgeschichte.
9. [ ] galt als der bedeutendste Barockkomponist ☐☐☐☐☐☐☐☐.
10. [ ] kam aus Italien und hieß eigentlich ☐☐☐☐☐☐☐☐ Battista.
11. [ ] war in ☐☐☐☐☐☐☐ Thomaskantor.
12. [ ] wurde mit 21 Jahren von ☐☐☐☐☐☐ ☐☐☐ als Hofkomponist engagiert.

Lösungswort: ☐☐☐☐☐☐☐☐☐☐☐☐

[Das habe ich in diesem Kapitel gelernt]	Klar kann ich das!	Das gelingt mir meistens.	Das fällt mir noch schwer.
✚ wie der Lebensstil am Hofe Ludwigs XIV. war			
✚ was eine Suite ist und den Charakter verschiedener Suitensätze			
✚ was man unter einem Concerto grosso und Affekten versteht			
✚ den Aufbau einer Kantate			
✚ den Unterschied zwischen Rezitativ und Arie			

Zu tief, zu hoch – was tun?

(→ SB, S. 52)

Grundwissen aufgefrischt

Stammtöne, Tonreihen, Dur-Tonleiter

Schreibe die Namen der Tasten auf die Zettel.

Markiere Ganztonschritte mit ⎣___⎦ und Halbtonschritte mit ⌵ .

Grundwissen aufgefrischt

Vorzeichen und Versetzungszeichen

Stammtöne können durch Vor- bzw. Versetzungszeichen verändert werden:

♭ erniedrigt den Ton um einen Halbton,
die Silbe -es wird an den Notennamen angehängt
♯ erhöht den Ton um einen Halbton,
die Silbe -is wird an den Notennamen angehängt
♮ macht Vor- bzw. Versetzungszeichen rückgängig

Achtung Ausnahmen!
ees → *es*
aes → *as*
hes → *b*

Benenne die folgenden Töne:

des ____________________

Versetzungszeichen stehen direkt vor einer Note und gelten nur für diese Note.
Vorzeichen stehen am Anfang eines Stücks und an jedem Zeilenanfang innerhalb des Stückes. Sie gelten für das gesamte Stück.

Transposition

(➜ SB, S. 53)

Aufgabe 1

(➜ SB, S. 53, A 2)

Notiere den Refrain von „Friends" eine Quinte höher. Jeder Ton muss also um sieben Halbtonschritte nach oben versetzt (transponiert) werden.

[Tipp] Nimm die Klaviertastatur, die hinten in deinem Schülerbuch abgedruckt ist, zur Hilfe.

Friends (Refrain)

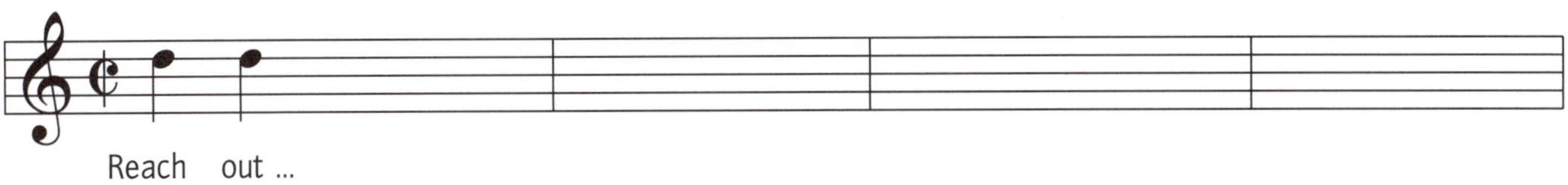

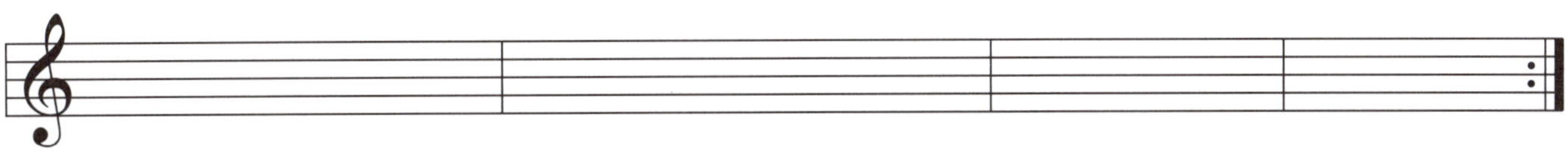

Aufgabe 2

(➜ SB, S. 53, A 2/3)

a) Im Schülerbuch (S. 52) steht „Friends" in C-Dur. Notiere die C-Dur-Tonleiter und trage die Ganztonschritte ⎣____⎦ und Halbtonschritte \/ ein.

[Tipp] Verwende zur Überprüfung eine Klaviertastatur.

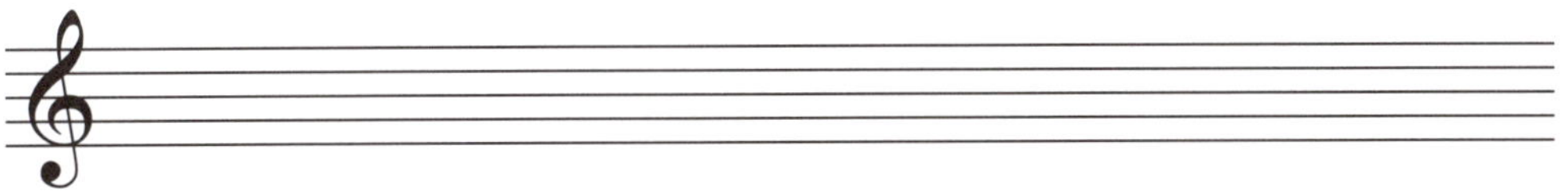

1 2 3 4 5 6 7 8

Info Transposition:
Unter einer Transposition versteht man das Versetzen einer Melodie auf eine andere Tonstufe. Dazu benötigt man meist Vor- bzw. Versetzungszeichen.

b) Um die Tonleiter nach G-Dur zu transponieren, musst Du die Stammtonleiter um fünf Tonstufen höher notieren. Überprüfe die Tonschritte der Tonleiter. Korrigiere die Abfolge von Ganz- und Halbtonschritten, sodass eine Dur-Tonleiter entsteht. Verändere die Tonhöhen gegebenenfalls mit Versetzungszeichen.

[Tipp] Spiele die Tonleiter mit den veränderten Tönen noch einmal. Kontrolliere dabei, ob die Tonleiter nun richtig klingt.

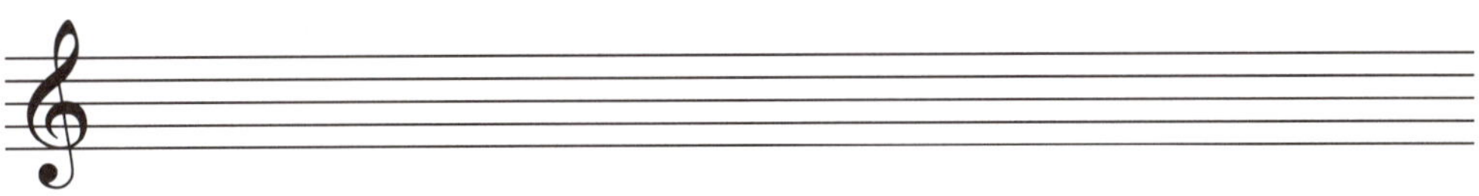

1 2 3 4 5 6 7 8

Aufgabe 3

Notiere die Strophe von „Friends" in G-Dur.
Versetze dazu jeden Ton um fünf Tonstufen nach oben und passe dann die Vorzeichen an.

[Tipp] Vergleiche die Vorzeichen mit Aufgabe 2b.

Friends (Strophe)

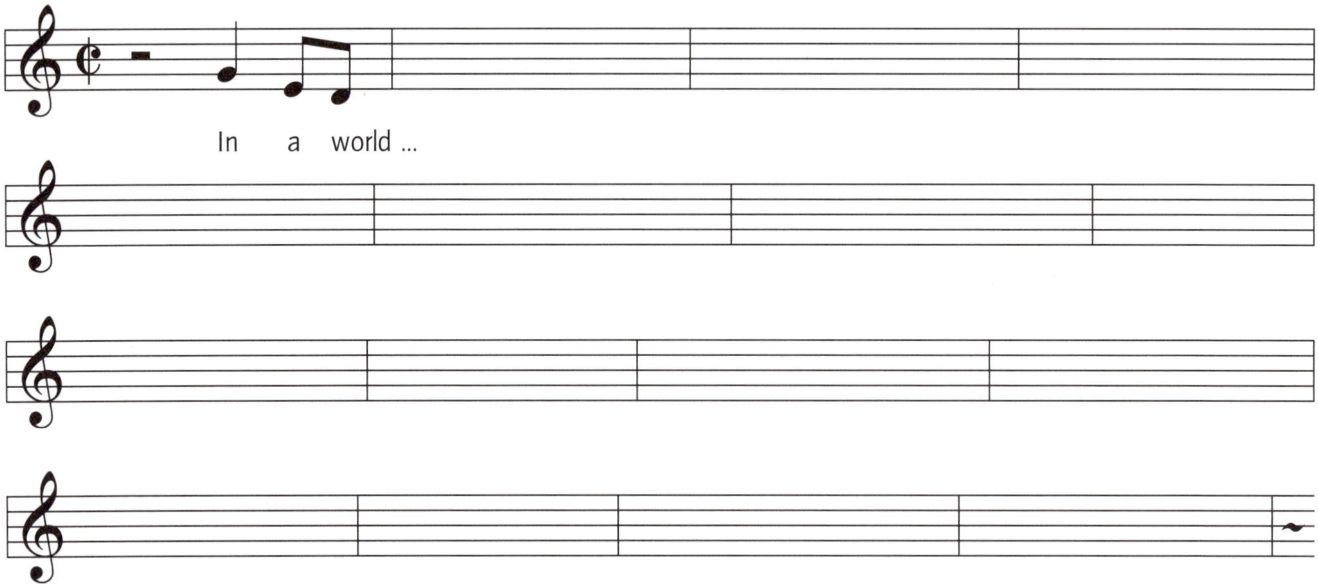

Von Moll nach Dur

(→ SB, S. 54)

Aufgabe 4

(→ SB, S. 54, A 3)

a) Vergleiche die beiden Versionen des Liedes „Ce Matin" miteinander. Markiere die Unterschiede im Notentext.

[Tipp] Beachte, dass Versetzungszeichen einen ganzen Takt lang gelten.

Version 1

Version 2

b) Stelle den Tonvorrat der beiden Versionen zusammen. Notiere dazu jeweils die Töne aufsteigend vom *d'* aus. Ergänze anschließend den jeweils fehlenden Ton zur kompletten Tonleiter (*d'*–*d''*).

1

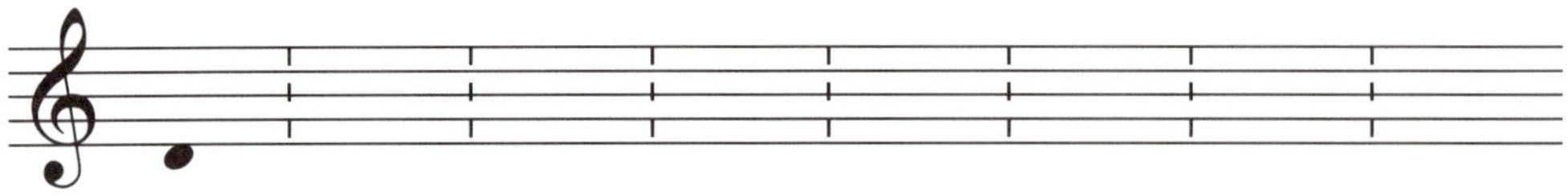

Das ist eine ________ Tonleiter.

2

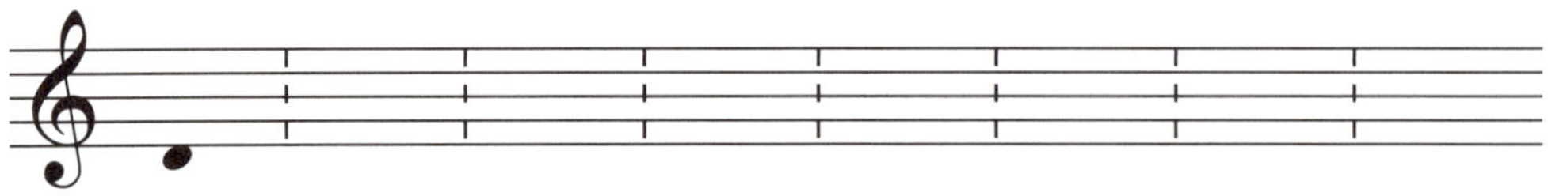

Das ist eine ________ Tonleiter.

c) Markiere die Unterschiede zwischen den beiden Tonleitern farbig.

Aufgabe 5 B 25

(→ SB, S. 55, A4)

Die „Farandole" von G. Bizet kann in sechs Abschnitte eingeteilt werden. Die Zeitangaben in der Tabelle zeigen jeweils den Beginn eines neuen Abschnittes.

a) Höre dir die gesamte Farandole von G. Bizet an. Ergänze die fehlenden Angaben zu den musikalischen Parametern in der Tabelle.

Zeit	**Tongeschlecht** (Dur/Moll)	**Instrumentation** (Instrumentengruppen/ Einzelinstrumente)	**Lautstärke**	**Tempo**
0:00	*Moll*			*Marschtempo*
~ 0:17		*Streicher*		
~ 0:33			*p, dann cresc.*	
~ 1:25				*schnell*
~ 2:15				
~ 2:35		*Schlagwerk dazu*		

b) Was will Bizet mit dem Wechsel des Tongeschlechtes bewirken?

____

____

____

Grundwissen aufgefrischt

Die Tongeschlechter Dur und Moll

Schreibe unter jede Tonleiter die Zeichen für Ganztonschritte ⌴ und die Halbtonschritte ﹀ . Schreibe den Grunddreiklang daneben.

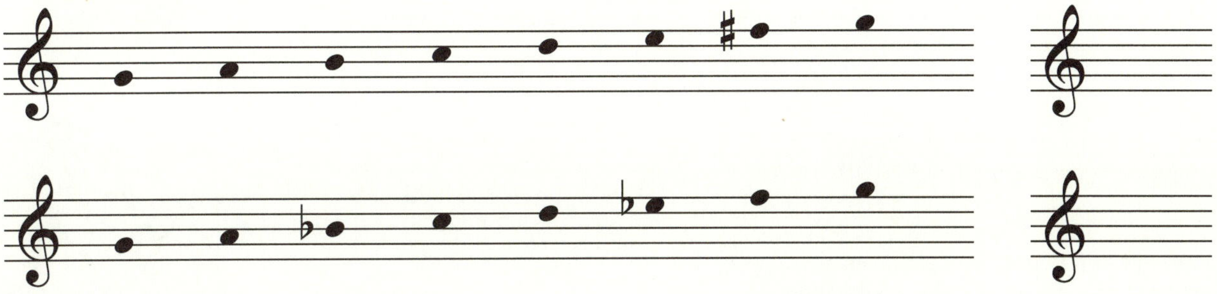

Den Klang der Dreiklänge bestimmt ein jeweils charakteristisches Intervall:

Beim Dur-Dreiklang ist das die ____________ unten.

Beim Moll-Dreiklang ist es die ____________ unten.

Musiklabor 2: Tonleitern

(➔ SB, S. 56)

Aufgabe 6

(➔ SB, S. 56, A 1)

Schreibe die Tonleitern im Schülerbuch (S. 56 oben) ab und ergänze die verkleckten Stellen.

F-Dur

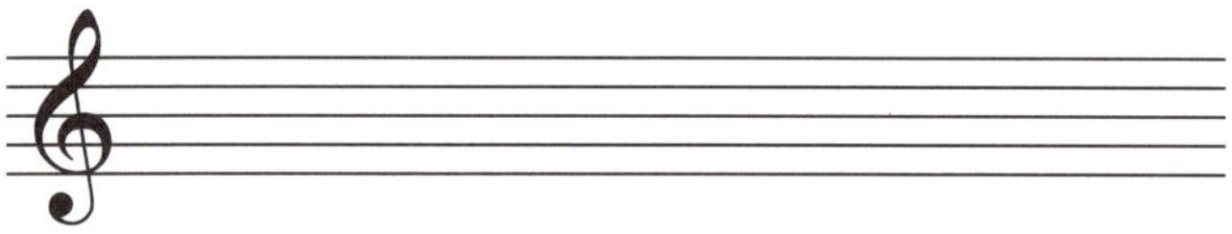

g-Moll

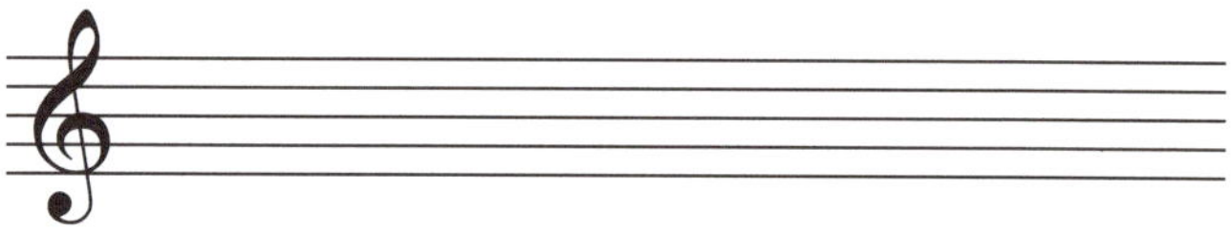

D-Dur

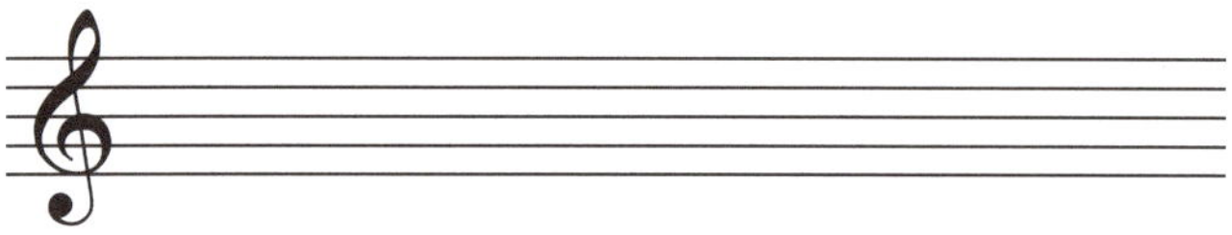

h-Moll

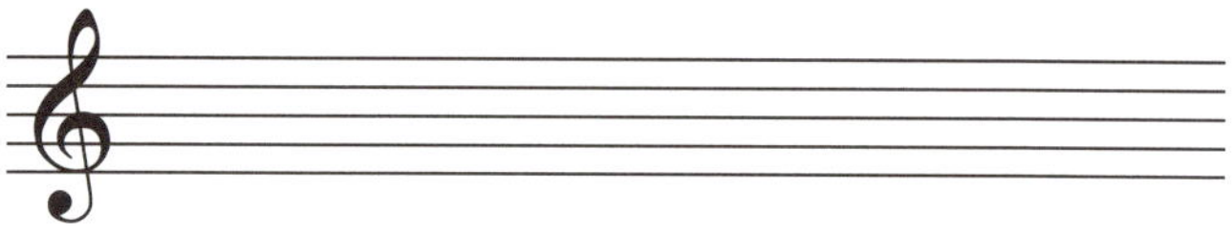

Aufgabe 7

(➔ SB, S. 56, A 2)

Die Melodien im Schülerbuch (S. 56 unten) sind an einigen Stellen „verstimmt", weil Versetzungszeichen fehlen.

a) Wähle eine Melodie aus und übertrage sie auf ein Notenblatt.

b) Spiele die Melodie auf einem Instrument. Ergänze an den „verstimmten" Stellen die fehlenden Versetzungszeichen.

c) Schreibe den Tonvorrat der ausgewählten Melodie auf. Beginne mit dem im Schülerbuch (S. 56) grün markierten Grundton. Um welche Tonart handelt es sich?

[**Tipp**] Ergänze die fehlenden Töne und bestimme jeweils Ganz- und Halbtonschritte. Hefte anschließend das Notenblatt hinten im Arbeitsheft ab.

Aufgabe 8

(➔ SB, S. 57, A 3)

Im Schülerbuch (S. 57) sind beim Lied „Der Kuckuck und der Esel" die Zeilen 2 und 3 in der falschen Tonart. Notiere das Lied so, dass es in einer Tonart steht. Überprüfe dein Ergebnis mit einem Instrument.

[Das habe ich in diesem Kapitel gelernt]

	Klar kann ich das!	Das gelingt mir meistens.	Das fällt mir noch schwer.
✚ sicher mit den Begriffen Stammtöne, Versetzungs- und Vorzeichen umzugehen			
✚ was eine Transposition ist und wie man damit arbeitet			
✚ die Tongeschlechter Moll und Dur sicher voneinander zu unterscheiden			
✚ wie G. Bizet die Tongeschlechter in der „Farandole" einsetzt			

Stimmen der Welt

(→ SB, S. 60)

Aufgabe 1 B 30–35

(→ SB, S. 60, A 1/2)

Höre dir die sechs Hörbeispiele an. Sie stammen aus verschiedenen Regionen der Welt.

a) Notiere in Stichpunkten, welche stimmlichen Besonderheiten dir dabei auffallen.

b) Verwende die Texte im Schülerbuch (S. 60), um Herkunft und Bezeichnung des jeweiligen Hörbeispiels zu bestimmen.

HB	stimmliche Besonderheiten	Herkunft und Bezeichnung
1		
2		
3		
4		
5		
6		

Von hohen und tiefen Stimmen

(→ SB, S. 62)

Aufgabe 2 B 36–41

(→ SB, S. 62, A 1/2)

a) Höre dir die sechs Hörbeispiele an und notiere auf einem Blatt die Besonderheiten der einzelnen Stimmen in Stichpunkten. Hefte das Blatt anschließend hinten im Arbeitsheft ab.

[Tipp] Nutze die Begriffe der Wolke im Schülerbuch (S. 62).

b) Ordne die Bilder der Sängerinnen und Sänger im Schülerbuch (S. 62) deinen Beschreibungen zu. Warum ist das in einigen Fällen nicht eindeutig möglich?

____

____

Aufgabe 3 B 42

(→ SB, S. 62, A4)

a) Ergänze die vier Stimmlagen, in die sich Singstimmen unterteilen lassen.

- hohe Frauen-/Kinderstimme: ______________
- tiefe Frauen-/Kinderstimme: ______________
- hohe Männerstimme: ______________
- tiefe Männerstimme: ______________

b) Höre dir einen Ausschnitt aus dem „Requiem" von W. A. Mozart an und notiere die Reihenfolge, in der die verschiedenen Stimmlagen einsetzen.

1. ______________ 2. ______________ 3. ______________ 4. ______________

Vocal Coaching

(→ SB, S. 63)

Aufgabe 4

Lies dir das Interview mit Jeff Cascaro im Schülerbuch (S. 63) durch und beantworte folgende Fragen:

Was ist die Aufgabe eines Vocal Coaches bei einer Castingshow?

___

___

Warum ist das nötig?

___

___

___

Welche Fähigkeiten muss ein Vocal Coach haben?

___

___

___

Grundwissen aufgefrischt

Songgestaltung

Fülle den Lückentext aus.

__________ ist die überzeugende Gestaltung eines __________ .
(Welche Wörter sind wichtig, wohin zielt der Satz ... ?)

__________ meint eine gute __________ , damit man einen gesungenen Text gut verstehen kann.

__________ ist die Fähigkeit, Töne sauber auf der richtigen __________ zu singen.

__________ dient als Bandersatz zum Üben und bei __________ .
Die __________ Begleitversion eines Songs wird dabei vorher von einer Band im __________ eingespielt.

__________ ist dann gut, wenn ein Musiker besonders genau mit __________ , __________ und __________ umgehen kann. Wichtig ist das vor allem für das __________ in einer Band.

Auswahlbegriffe: *Artikulation – Auftritte – Aussprache – instrumental – Intonation – Metrum – Melodieabschnitt – Phrasierung – Playback – Rhythmus – Studio – Takt – Tonhöhe – Timing – Zusammenspiel*

Stimmen verändern sich

(→ SB, S. 68)

Aufgabe 5

Die drei Abbildungen zeigen die Abfolge der Stimmlippenbewegung bei der Tonerzeugung. Die Textschnipsel beschreiben den Vorgang des Singens. Schreibe die entsprechenden Zahlen in die Kreise vor den Textschnipseln, um einen zusammenhängenden Text zu erhalten.

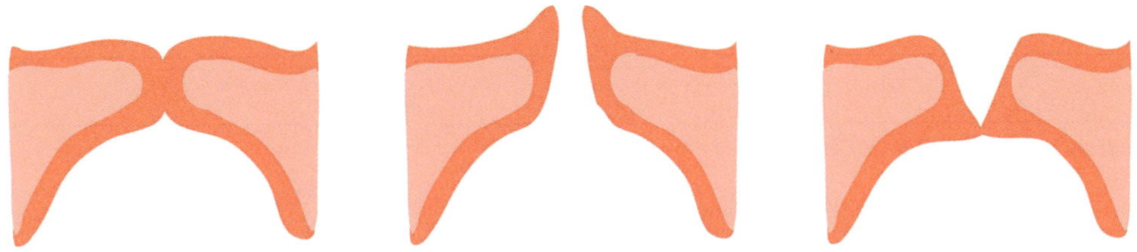

geschlossene Stimmlippen — Luft entweicht durch die Stimmritze — Stimmlippen werden geschlossen

Übrigens: Singen wir beispielsweise den Ton *a'*, wiederholt sich dieser Vorgang 440 Mal pro Sekunde!

- (1) Die Stimmlippen berühren sich,
- ( ) Unter den Stimmlippen baut
- ( ) sodass die Stimmlippen
- ( ) und Luft entweicht. Dadurch entsteht Unterdruck,
- ( ) die Stimmritze ist geschlossen.
- ( ) sodass sich die Stimmlippen wieder schließen.
- ( ) das Atemorgan beim Ausatmen Druck auf,
- ( ) auseinandergedrückt werden
- ( ) geschlossener und geöffneter Stimmritze erzeugt
- ( ) zusammen mit der entweichenden Luft einen Ton.
- ( ) Der schnelle Wechsel zwischen

Aufgabe 6

Fülle den Lückentext aus.

In der ______________ , die im Alter von 11 bis 13 Jahren eintritt, verändert sich die Kinderstimme. Sie wirkt rau, ____________ und brüchig. Dieser Vorgang wird als _________________ oder Stimmwechsel bezeichnet. Bei Jungen und Mädchen werden die ____________________ dicker und _______________ . Dies ist ein über mehrere Monate – gelegentlich sogar über ein Jahr – andauernder Prozess. Grund für das sprichwörtliche „Brechen" der Stimme ist das ungleichmäßige Wachstum der ____________________ . Die Knabenstimme ___________ dabei um etwa eine _____________ (8 Töne), die Stimme der Mädchen etwa um eine __________ (3 Töne) ab.

Auswahlbegriffe: *heiser – länger – Mutation – Oktave – Pubertät – sinkt – Stimmlippen (2 x) – Terz*

[Das habe ich in diesem Kapitel gelernt]

	Klar kann ich das!	Das gelingt mir meistens.	Das fällt mir noch schwer.
+ dass es auf der Welt unterschiedliche Singweisen gibt			
+ welche Stimmlagen es gibt und wie sie heißen			
+ was ein Vocal Coach ist und welche Aufgaben er hat			
+ wie sich die Stimme in der Pubertät verändert			

Im Studio – vom Song zur CD

(→ SB, S. 74)

Aufgabe 1

(→ SB, S. 75, A 1)

Lies dir im Schülerbuch (S. 74) die Informationen über die Arbeit in einem Tonstudio durch und schaue dir dann das Video zum Tonstudio an. Beantworte anschließend folgende Fragen:

a) Welche Räume gibt es in einem Tonstudio?

b) Welche Eigenschaften müssen solche Räume haben?

c) Beschreibe den Weg des Tonsignals vom Studiomusiker zum Computer. Bringe dazu die folgenden Begriffe in die richtige Reihenfolge:

Effekte/Signalbearbeitung – Kabel – Mikrofon – Mischpult – Regieraum – Steckfeld

Studiomusiker → ______ → ______ → ______ → ______ → ______ → ______ → *Computer (Harddiscrecording)*

d) Notiere, in welcher Reihenfolge die Aufnahmen beim Multitrack-Verfahren gemacht werden.

1 ______ 2 ______ 3 ______ 4 ______

e) Beschreibe drei Verfahren, mit denen der Tontechniker die Tonspuren nach erfolgter Aufnahme noch verändern kann.

Aufgabe 2

(→ SB, S. 75, A 2)

Schreibe einen kurzen Text über den Ablauf einer CD-Produktion, in dem alle daran beteiligten Personen vorkommen. Orientiere dich bei der Formulierung an der Grafik im Schülerbuch (S. 75).

Your Song – My Song: Coverversionen

(→ SB, S. 76)

Aufgabe 3

16–19

(→ SB, S. 77, A 2)

Vom Hit „It's My Life" gibt es zahlreiche Coverversionen.

a) Höre dir das Original von *Bon Jovi* an. Trage ein, welche Instrumente spielen. Beschreibe den Sound. Die unten abgedruckten Auswahlbegriffe helfen dir dabei.

b) Höre dir die Ausschnitte verschiedener Coverversionen an. Vervollständige anschließend die Tabelle.

Interpret	Besetzung	Sound
Bon Jovi (Original)		
Paul Anka		
DJ Squared		
Viva Voce		

Auswahlbegriffe: *a cappella – andere Akkorde und Bassläufe – Ballade – Bass – Big-Band-Sound – Blasinstrumente – dynamisch – E-Gitarre – Gesang (3 x) – Keyboard – Klavier – rockig – ruhig – Schlagzeug (2 x) – Swing – Synthesizer – Technosound – Vocal Percussion – Vocals*

! Grundwissen aktiv

Coverversion

Ergänze den Lückentext.

Wenn Musiker einen erfolgreichen Song nachspielen, nennt man das „ __________ ". Die __________ behält in der Regel alle wesentlichen Merkmale des Songs (Melodie, __________ und __________) bei. __________ spielen die Songs meist originalgetreu nach, während andere Interpretationen sich in __________ oder __________ vom Original stärker unterscheiden.

Auswahlbegriffe: *Akkorde – Coverband – Coverversion – covern – Form – Stilistik – Texte*

[Das habe ich in diesem Kapitel gelernt]	Klar kann ich das!	Das gelingt mir meistens.	Das fällt mir noch schwer.
+ die Räume eines Tonstudios und wie man dort arbeitet			
+ wer an der Produktion einer CD beteiligt ist und welche Aufgaben die einzelnen Personen haben			
+ was man unter einer Coverversion und einem Remix versteht			
+ einen Song in verschiedenen Stilistiken zu spielen			

Die Bandinstrumente

(→ SB, S. 84)

Aufgabe 1

(→ SB, S. 85, A 1)

Lies dir die Texte über die einzelnen Bandinstrumente im Schülerbuch (S. 84/85) durch und schaue dir die Videoausschnitte an. Notiere auf einem Blatt zu jedem Instrument die jeweilige **Spielweise** und seine **Funktion innerhalb der Band.** Ordne das Blatt hinten im Arbeitsheft ein.

Aufgabe 2

C 33–35

(→ SB, S. 85, A 2)

Kreuze an, welche Instrumente jeweils zu hören sind.

Hörbeispiel	Keyboard	E-Gitarre	E-Bass	Schlagzeug	Gesang
1					
2					
3					

Die E-Gitarre

(→ SB, S. 87)

Aufgabe 3

(→ SB, S. 87, A 1)

Sieh dir das Video zum Bau der E-Gitarre an.

a) Bringe die Bilder der abgebildeten Arbeitsschritte in die richtige Reihenfolge.

b) Ergänze anschließend die Sätze mithilfe der Auswahlbegriffe und ordne sie den Bildern zu.

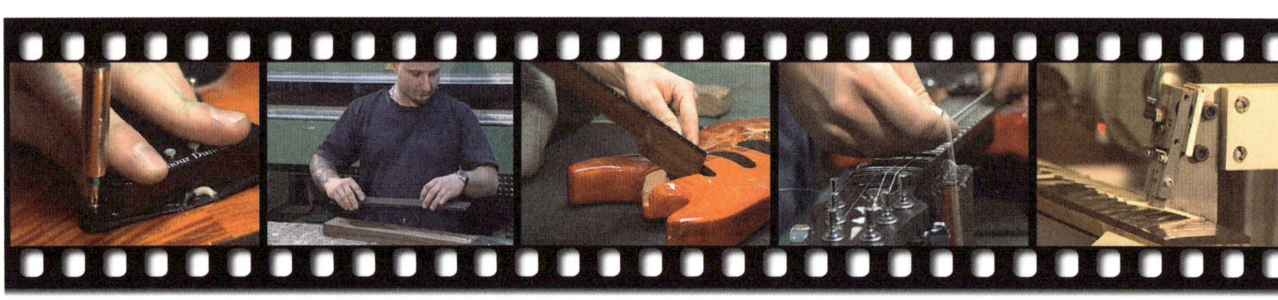

◯ Hier werden die ________________ eingesetzt.

◯ Hier werden die ________________ eingeschraubt.

◯ Hier werden die _______________ aufgezogen.

◯ Hier werden _____________ und ________________ miteinander verschraubt.

◯ Hier wird das ___________________ auf den Hals geleimt.

Auswahlbegriffe: *Bünde – Griffbrett – Hals – Korpus – Pick-ups – Saiten*

Aufgabe 4

(→ SB, S. 87, A 1)

Erstelle mithilfe der Illustrationen und der Auswahlbegriffe einen kurzen Text über die Funktion der Pick-ups einer E-Gitarre.

____

____

____

____

____

Auswahlbegriffe: *elektrischer Strom – Kupferdrähte – Lautsprecher – schwingen – Stahlsaite – Stabmagnet – Tonabnehmer*

Aufgabe 5

(→ SB, S. 87, A 2)

Sieh dir das Video an und notiere die wichtigsten Spieltechniken der E-Gitarre.

1 ____________ 2 ____________ 3 ____________ 4 ____________

Grundwissen aktiv

Klassische Gitarre/E-Gitarre

Beschrifte die wichtigsten Gemeinsamkeiten und Unterschiede zwischen einer klassischen Gitarre und einer E-Gitarre.

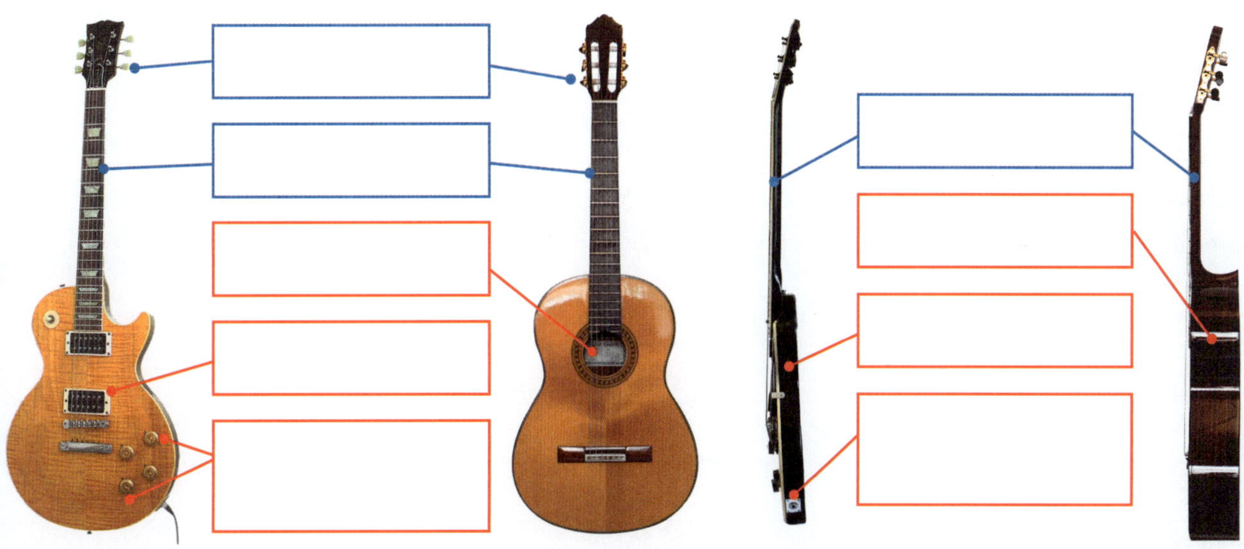

Zupfinstrumente aus aller Welt

(→ SB, S. 89)

Aufgabe 6

(→ SB, S. 89, A 1/2)

a) Sieh dir die Filme über Zupfinstrumente aus aller Welt an und lies die Texte im Schülerbuch (S. 89) durch. Notiere auf einem Blatt die Besonderheiten der einzelnen Instrumente und fertige jeweils eine kleine Skizze an. Ordne das Blatt anschließend hinten im Arbeitsheft ein.

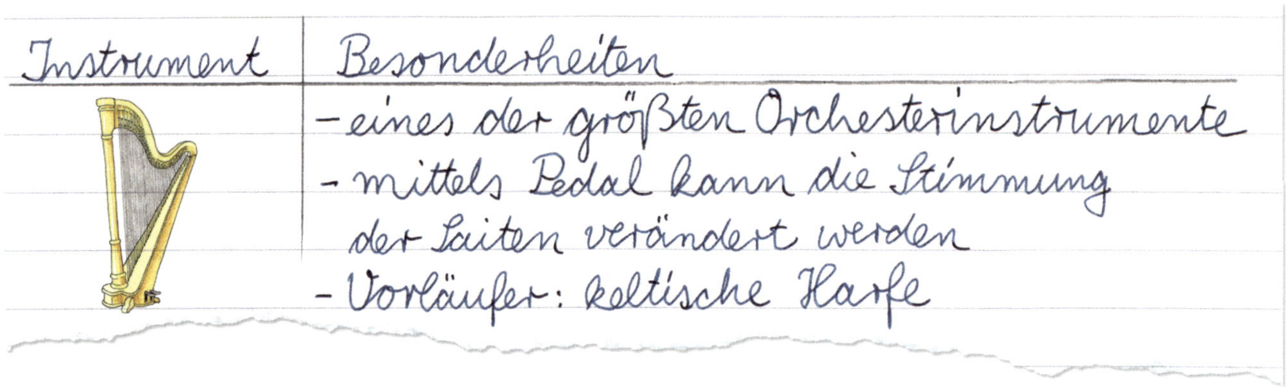

b) **Hörquiz:** Ordne die Hörbeispiele den einzelnen Instrumenten zu. 40–45

Harfe	Saz	Laute	Mandoline	Banjo	Sitar
HB:	HB:	HB:	HB:	HB:	HB:

Grundlagen der Akustik

(→ SB, S. 90)

Wie genau gelangt der Schall von einer Schallquelle zu unserem Ohr?

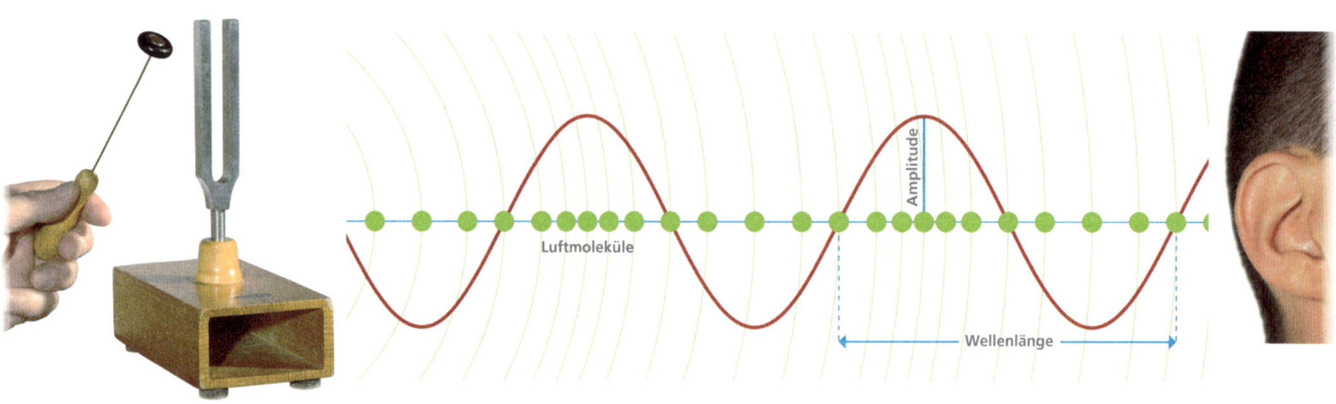

Aufgabe 7

(→ SB, S. 90, A 3)

Verfasse einen kurzen Text über die Schallübertragung mithilfe der Auswahlbegriffe.

[Tipp] Die Grafik im Schülerbuch (S. 90/91) hilft dir dabei.

____

____

____

____

Auswahlbegriffe: *Luftmoleküle – Ohr – Schall – Schallquelle – Schallwelle – schwingende Luftmoleküle – Schwingung*

Aufgabe 8

Ergänze mithilfe der Grafik im Schülerbuch (S. 90/91) den Lückentext. Ordne dann die Schwingungsbilder den Notenbeispielen mit Pfeilen zu.

A
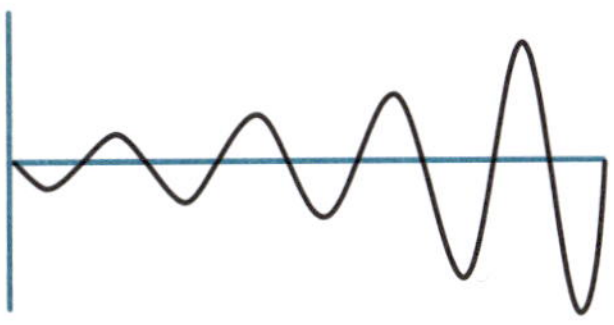
○

B
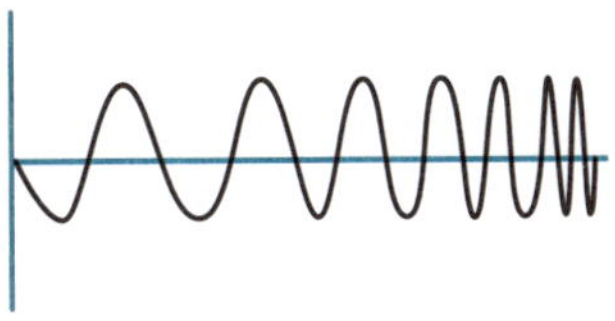
○

○

1

○

2

Für die Schallwelle gilt:

Ein lauter Ton hat eine größere ________________, ein höherer Ton eine schnellere ________________.

Bei Kurve **A** ändert sich die ________________, d. h. der Ton wird ______________.

Bei Kurve **B** ändert sich die ________________, d. h. der Ton wird ______________.

Aufgabe 9

(→ SB, S. 90, A 5)

Der natürliche Ton eines Instruments ist eigentlich ein Klang, da er sich aus einem Grundton und mehreren Obertönen zusammensetzt. Diese folgen einer Ordnung, die man **Obertonreihe** nennt. Schlägt man am Klavier den Ton *C* an, klingen folgende Töne mit:

Oberton/Teilton 1 2 3 4 5 6 7 8

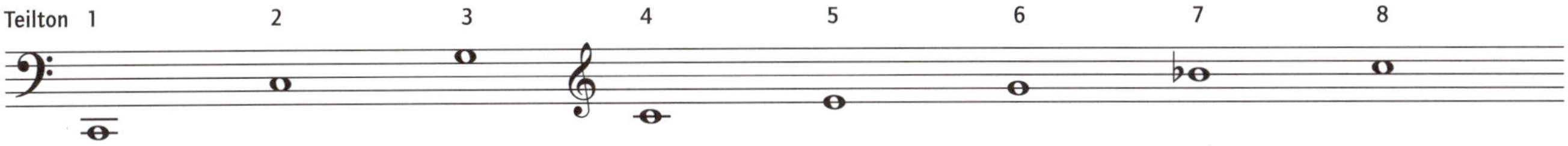

___ ___ ___ ___ ___ ___ ___ ___

a) Schreibe die Notennamen unter die abgebildeten Töne der Obertonreihe.
b) Betrachte die vorkommenden Töne genauer. Welche Gesetzmäßigkeiten fallen dir dabei auf? Notiere in Stichpunkten.

____

____

____

____

! Grundwissen aktiv

Resonanz

Ergänze den Lückentext.

Schwingungen können ________________ werden, indem man den schwingenden Gegenstand (z. B. eine Stimmgabel) auf einen anderen Gegenstand (Resonanzkörper) stellt. Durch das Anregen des ________________________ erklingt der Ton ________________.

Auswahlbegriffe: *lauter – Resonanzkörper – verstärkt*

Grundwissen aktiv

Ton – Klang – Geräusch

Fahre die Kurven mit einem Stift nach und beschrifte sie entsprechend.

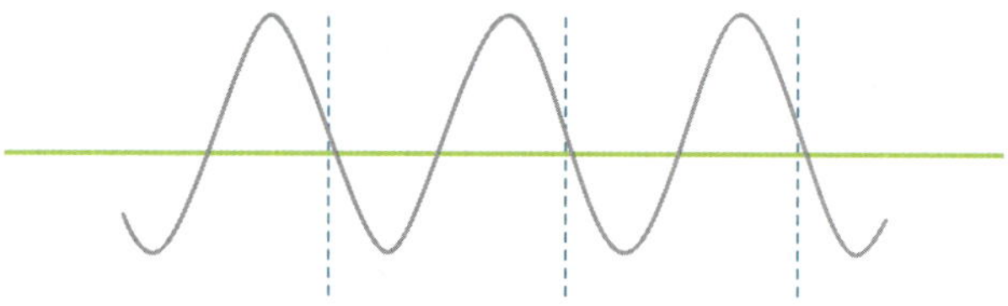

Ein einzelner Ton wird in der Physik als Sinuston bezeichnet. Die gleichmäßig runde Form der Sinusschwingung kann z. B. durch Pfeifen, durch eine Stimmgabel oder aber elektronisch erzeugt werden. Musikinstrumente und die menschliche Stimme weisen „zackigere" Schwingungsbilder auf.

Musikinstrumente und die menschliche Stimme erzeugen einen Klang, der aus einem Grundton und mehreren Obertönen besteht. Der Grundton bestimmt die Tonhöhe, die Obertöne die Klangfarbe. Je nachdem, welche Obertöne stärker hervortreten, entsteht der spezifische Klang eines Instruments bzw. der individuelle Klang einer Stimme.

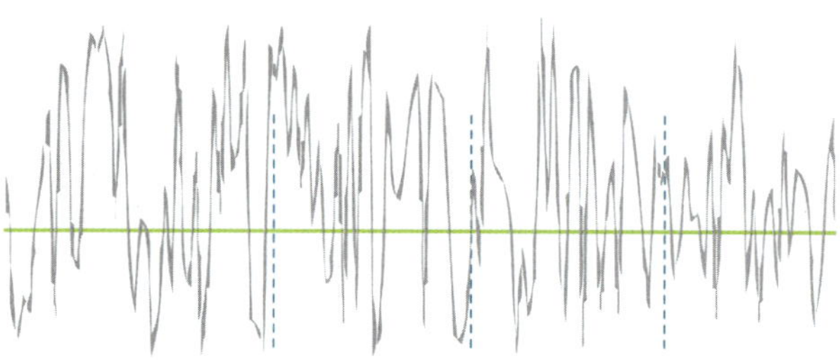

Ist die Schwingungsform ganz unregelmäßig, hören wir ein Geräusch. Im Gegensatz zum Ton oder Klang hat es keine erkennbare Tonhöhe.

Musik nur, wenn sie laut ist?

(→ SB, S. 92)

Aufgabe 10

(→ SB, S. 92, A 2)

Sieh dir den Filmausschnitt zum Hörvorgang an. Notiere die am Hörvorgang beteiligten Teile des Ohres und beschreibe kurz deren Funktion.

Funktion

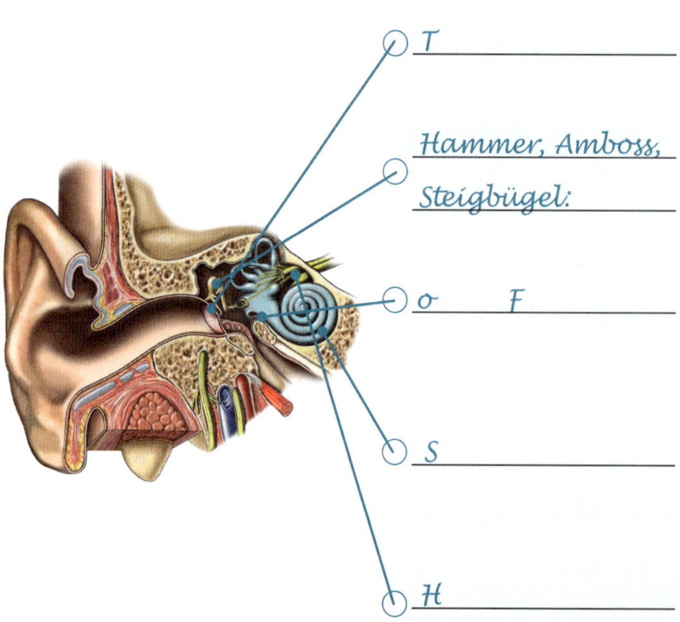

Aufgabe 11

(→ SB, S. 92, A 4)

a) Fertige eine Übersicht über den Lautstärkeverlauf deines Tages an. Trage zu verschiedenen Zeiten kleine Kreuze ein und beschrifte sie (z. B. 7:00 Uhr: Straßenbahn, laut). Verbinde die Punkte dann zu einer Kurve.

[Tipp] Die Grafik im Schülerbuch (S. 92) hilft dir bei der Bestimmung der Lautstärke.

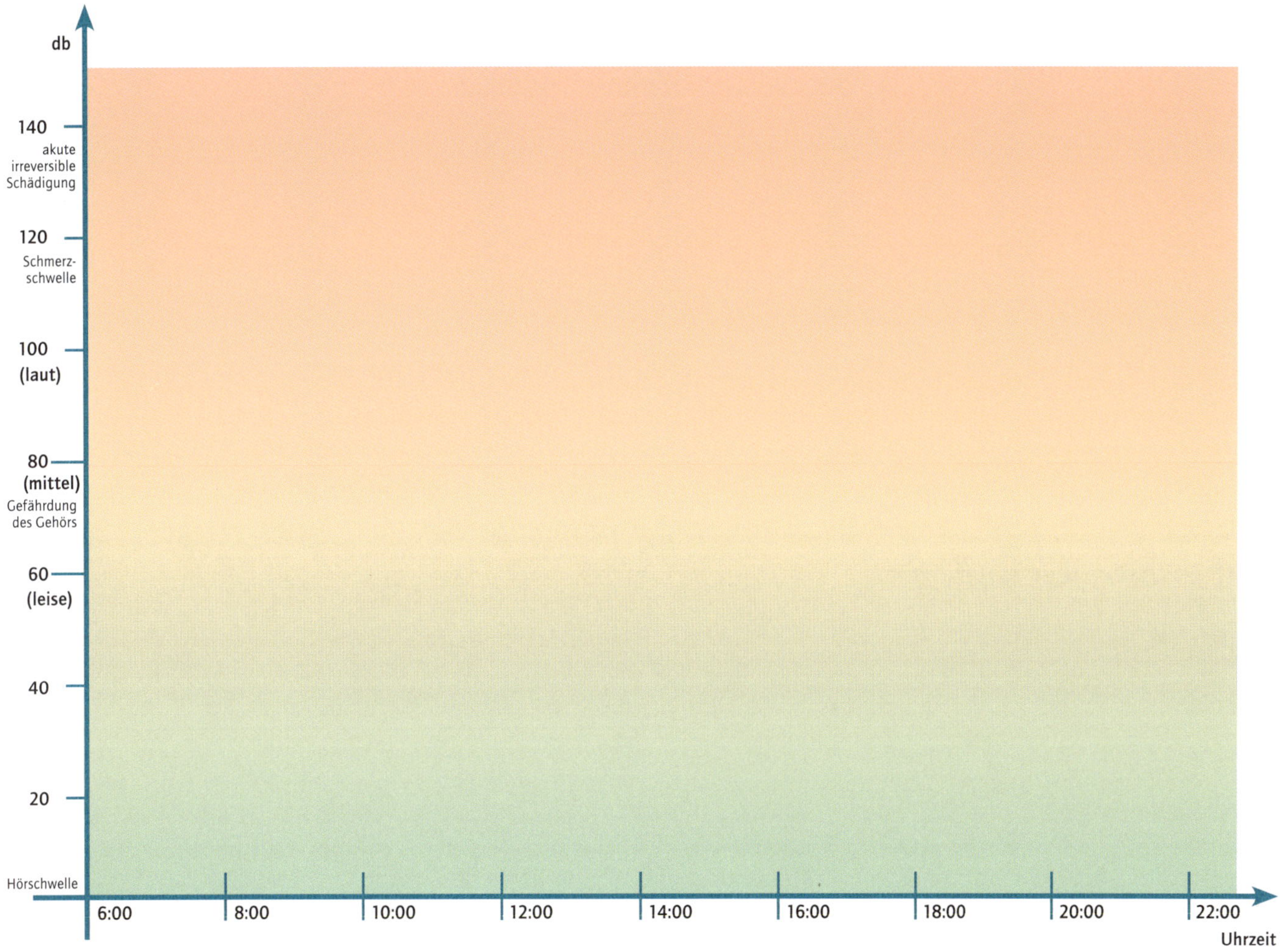

b) Vergleiche deine Kurve mit denen deiner Klassenkameraden. Was fällt euch auf?

Aufgabe 12 (CD 50)

(→ SB, S. 93, A 5)

Höre dir die Hörbeispiele einer Diskussion ohne und mit Hörschaden (geschädigte Haarzellen) bzw. Ohrgeräusch (Tinnitus) an. Notiere, wie sich der Hörschaden auf den Teilnehmer der Diskussion auswirkt und welche Probleme sich für ihn daraus ergeben.

Hörschaden	Auswirkungen des Hörschadens und Probleme für den Hörer
geschädigte Haarzellen	
Ohrgeräusch (Tinnitus)	

Auch das Gehör braucht Ruhe

(→ SB, S. 93)

Name und Logo dieses süddeutschen Open-Air-Festivals sind lustig gemeint, zeigen aber, dass Musik für unsere Ohren auch gefährlich sein kann.

EARBLAST
GUGGEMUSIK & BRASS - OPENAIR

Aufgabe 13

(→ SB, S. 93, A 6)

a) Nenne die drei Faktoren, die für die Gefährdung deiner Ohren bedeutsam sind.

❶ ____________ ❷ ____________ ❸ ____________

b) In welchen Situationen sind deine Ohren in Gefahr? Überlege dir, welche Möglichkeiten es gibt, die Ohren zu schützen.

Situation	Möglicher Schutz
MP3-Player über Kopfhörer	

[Das habe ich in diesem Kapitel gelernt]

	Klar kann ich das!	Das gelingt mir meistens.	Das fällt mir noch schwer.
✚ die wichtigsten Bandinstrumente und wie sie klingen			
✚ Bau, Tonerzeugung und Spieltechniken der E-Gitarre			
✚ Unterschiede zwischen E-Gitarre und Klassischer Gitarre			
✚ die Besonderheiten unterschiedlicher Zupfinstrumente			
✚ was Schall ist, wie er entsteht und übertragen wird			
✚ den Unterschied zwischen Ton, Klang und Geräusch			
✚ was man unter Resonanz versteht			
✚ wie das Gehör funktioniert			
✚ wie man das Gehör schützen kann			

Das Musical

(→ SB, S. 98)

Aufgabe 1

(→ SB, S. 99, A 4)

Ergänze den Lückentext.

Die Darsteller eines Musicals müssen sehr ______________ sein. Sie müssen nicht nur gute Schauspieler sein, sondern auch sehr gut __________ können, denn der Erfolg eines Musicals hängt entscheidend von seinen ______________________ ab. Bei den meisten Musicals ist die ______________ eher zweitrangig und sie wird ausgehend von den Songs konzipiert. Zwischen den ________ gibt es _________________________ , die die Handlung voranbringen, und große _______________________ mit vielen Darstellern und _______________ . Wesentlicher Bestandteil von Musicals sind _____________ . Deshalb müssen die Darsteller körperlich sehr fit sein.

Auswahlbegriffe: *Chöre – eingängige Songs – Ensembleszenen – gesprochene Dialoge – Handlung – singen – Songs – Tänze – vielseitig*

Aufgabe 2

(→ SB, S. 99, A 4)

Damit ein Musical auf die Bühne kommt, sind viele kreative Leute nötig. Oft sind sie bei der Aufführung gar nicht zu sehen. Ordne den Personen die beschriebene Aufgabe zu.

Choreograf ○	○ schreibt den Text, oft gemeinsam mit dem Komponist
Songtexter ○	○ richtet die Musik für das Orchester ein
Arrangeur ○	○ Spezialist für die Gesangstexte
Buchautor ○	○ kümmert sich um die Bühneneinrichtung
Requisiteur ○	○ künstlerische Leitung der Inszenierung
Komponist ○	○ für die Gestaltung der Tänze zuständig
Regisseur ○	○ schreibt alle Titel, oft in Absprache mit Autor und Songtexter

Der Fliegende Holländer

(→ SB, S. 100)

Aufgabe 3

(→ SB, S. 101, A 2)

Beschreibe das Gemälde von William Turner. Notiere dazu die dargestellten Bildelemente auf einem Blatt und beschreibe diese näher. Hefte das Blatt anschließend hinten im Arbeitsheft ein.

Bildelement	nähere Beschreibung
Wellen	Im Vordergrund sieht man das durch einen Sturm aufgewühlte Meer, die hohen Wellen sehen bedrohlich aus.

Aufgabe 4

(→ SB, S. 101, A 4)

a) Wagner verwendet in der Ouvertüre zum Fliegenden Holländer musikalische Mittel, die den Eindruck einer stürmischen Seereise hervorrufen. Markiere im Notentext die folgenden Fachbegriffe in der entsprechenden Farbe.

Akzent – chromatische Tonleiter – Kontraste (hoch/tief) – kurzer Vorschlag – schneller 6/4-Takt – Tremolo

Der Fliegende Holländer (Ausschnitt)

R. Wagner

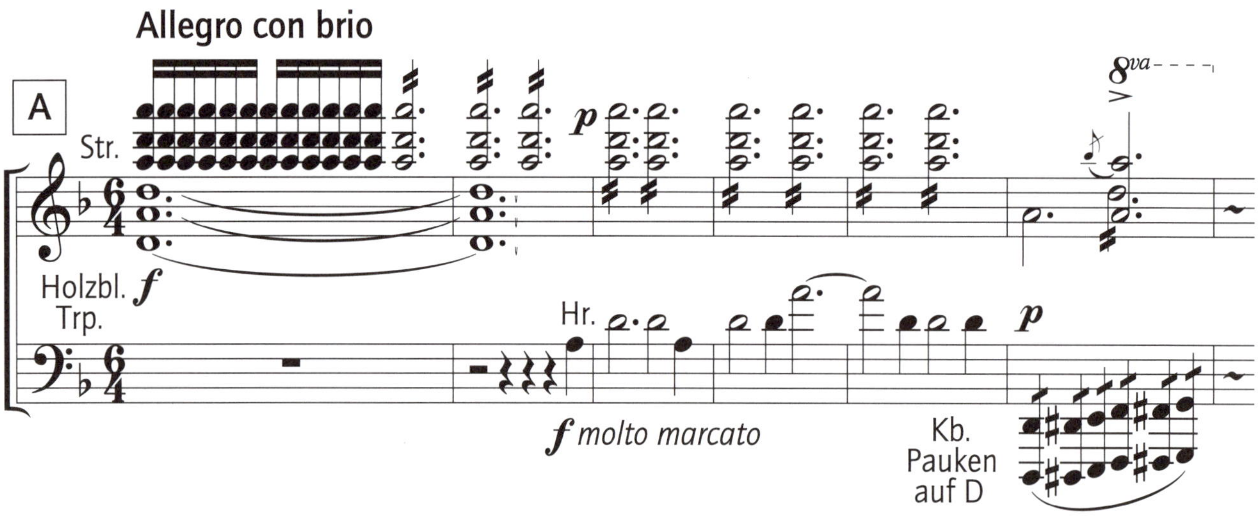

b) Erinnere dich an das Bild von Turner. Überlege, welche Elemente einer „stürmischen Seereise" Wagner mit diesen musikalischen Ausdrucksmitteln wohl darstellen wollte.

musikalische Ausdruckmittel	Elemente einer stürmischen Seereise

! Grundwissen aktiv

Chromatische Tonleiter

Vervollständige die Tonleiter, sodass eine chromatische Tonleiter entsteht.

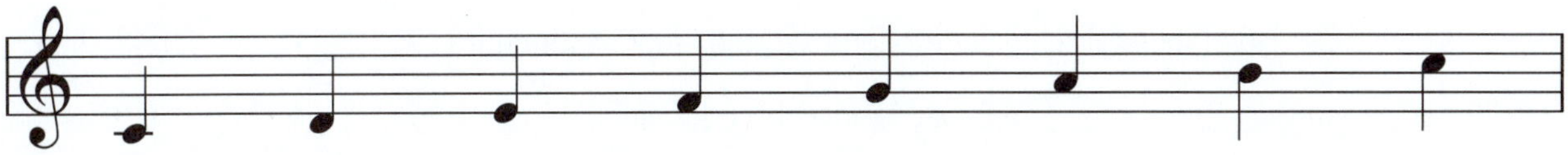

Nenne die drei wichtigsten Eigenschaften einer chromatischen Tonleiter.

____

____

____

Aufgabe 5

(→ SB, S. 101, A 5)

a) Notiere das Holländer-Motiv im Violinschlüssel.

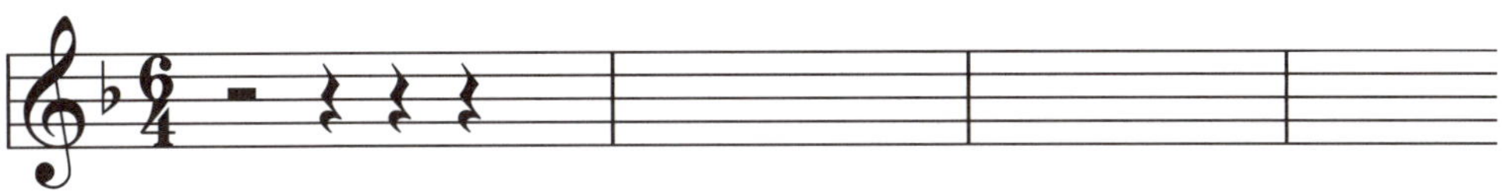

b) Beantworte folgende Fragen zum Aufbau des Holländer-Motivs:

- Welche Töne kommen darin vor? ____ , ____ und ____
- Welche Intervalle prägen das Motiv? ____________ und ____________
- Welcher Ton des Dreiklangs fehlt? ____ oder _____

c) Erkläre, warum Wagner dieses Leitmotiv für den Holländer gewählt hat.

____

____

____

Aufgabe 6 (CD 14)

(→ SB, S. 103, A 2)

a) Schaue dir im Schülerbuch (S. 103) die Leitmotive und ihren jeweiligen Namen an. Lies dann den Text der Arie und überlege, welches Motiv vom Namen her zu den einzelnen Textteilen passen könnte. Trage den Namen ein.

b) Höre dir die Arie an und überprüfe dein Ergebnis.

Text der Arie	*Motiv*
Johohohe! Johohohe! Johohohe! Johohohe!	
Traft ihr das Schiff im Meere an, blutrot die Segel, schwarz der Mast? Auf hohem Bord der bleiche Mann, des Schiffes Herr, wacht ohne Rast.	*Balladen-Motiv*
Hui! – Wie saust der Wind! – Johohohe! Hui! – Wie pfeift's im Tau! – Hui! – Wie ein Pfeil fliegt er hin, ohne Ziel, ohne Rast, ohne Ruh!	
Doch kann dem bleichen Manne Erlösung einstens noch werden, fänd er ein Weib, das bis in den Tod getreu ihm auf Erden!	
Ach, wann wirst Du bleicher Seemann, sie finden? Betet zum Himmel, dass bald ein Weib Treue ihm hält.	

! Grundwissen aktiv

Leitmotive

Ergänze den Lückentext.

Musikalische Bausteine, die im Verlauf der Oper immer wieder auftauchen, nennt man ________________ . Durch sie wird der Hörer musikalisch geleitet, denn sie sind einer bestimmten ______________ (z. B. dem Holländer), einem ______________ (z. B. der Sehnsucht) oder einem ______________________ (z. B. einem Ring) zugeordnet.

Auswahlbegriffe: *Gefühl – Gegenstand – Leitmotive – Person*

Das Opernhaus

(→ SB, S. 105)

Aufgabe 7

(→ SB, S. 105, A 1)

Informiere dich im Internet (z. B. auf der Website eines Theaters) über die Aufgaben der folgenden Berufe:
Fundusverwalter – Inspizient – Korrepetitor – Maskenbildner – Rüstmeister – Souffleur – Statist
Schreibe die beruflichen Aufgaben auf ein Blatt, das du hinten im Arbeitsheft einordnest.

Fundusverwalter:

Inspizient:

Aufgabe 8

(→ SB, S. 105, A 2)

Kreuze mithilfe der Grafik im Schülerbuch (S. 104/105) und des Videos die richtigen Erklärungen an:

Ränge: ☐ Auszeichnung für Sänger ☐ höher gelegene Zuschauerplätze ☐ Kantine

Kulissen: ☐ bequeme Zuschauersessel ☐ roter Vorhang ☐ Bühnenhintergrund

Versenkungen: ☐ Notausgang bei Brand ☐ Öffnung im Bühnenboden ☐ Umkleideraum

Drehbühne: ☐ besonderes Stativ ☐ Vorrichtung für schwere Gegenstände ☐ kreisrunde Fläche im Bühnenboden

eiserner Vorhang: ☐ blickdichte Kulissen ☐ Brandschutz im Theater ☐ Schloss am Haupteingang

Requisitenfundus: ☐ Kassenbereich ☐ Fundbüro im Theater ☐ Raum zur Aufbewahrung von Kostümen

Maske: ☐ Malersaal ☐ Ort, an dem geschminkt wird ☐ Schrank für Masken

Schlosserei: ☐ Werkstatt für Metallarbeiten ☐ Burghof mit Freilichtbühne ☐ Schließdienst im Theater

[Das habe ich in diesem Kapitel gelernt]	Klar kann ich das!	Das gelingt mir meistens.	Das fällt mir noch schwer.
+ wer die Beteiligten an einer Musicalproduktion sind und ihre jeweiligen Aufgaben			
+ wie Wagner den Eindruck einer stürmischen Seereise hervorruft			
+ was eine chromatische Tonleiter ist			
+ wie Wagner Leitmotive in seiner Musik verwendet			
+ den Aufbau eines Opernhauses und wer dort alles arbeitet			

Songs begleiten – gar nicht so schwer

(→ SB, S. 108)

Grundwissen aufgefrischt

Dreiklänge in Dur und Moll

Fülle die Lücken aus.

Jeder Dreiklang besteht in seiner Grundstellung immer aus zwei Terzen.

Beim ________ -Dreiklang ist **unten** eine **große Terz** und **oben** eine **kleine Terz.**

Beim ________ -Dreiklang ist **unten** eine **kleine Terz** und **oben** eine **große Terz.**

große Terz = Abstand von ______________________

kleine Terz = Abstand von ______________________

Markiere auf der Klaviertastatur mit gelber bzw. blauer Farbe die Töne des jeweiligen Dreiklangs. Trage dann in das Kästchen jeweils die Lage der großen bzw. kleinen Terz ein. Benenne den Dreiklang.

________ Terz
________ Terz

Name des Dreiklangs: ________________

________ Terz
________ Terz

Name des Dreiklangs: ________________

Aufgabe 1

(→ SB, S. 108, A 1)

In der Melodielinie sind die Noten auf der Zählzeit 1 markiert.

a) Schreibe die Notennamen der markierten Töne in die gelben Kästchen.

Let My Light Shine Bright (Refrain)

Text u. Musik: überliefert

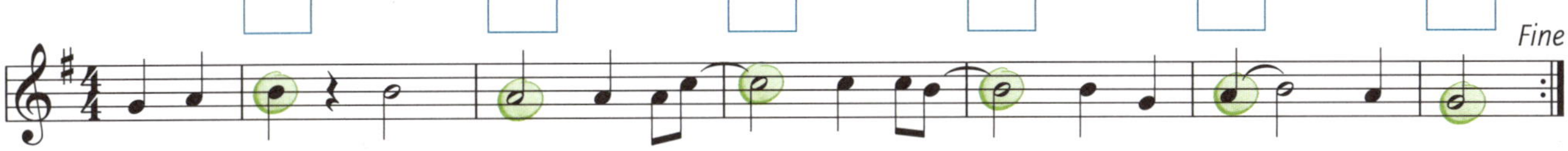

b) Zur Begleitung der Melodie genügen die drei nebenstehenden Dreiklänge. Schreibe zunächst die Notenamen der Dreiklangstöne neben den jeweiligen Akkord. Ergänze dann im Kästchen neben dem Dreiklang den entsprechenden Akkordnamen.

c) Finde den jeweils passenden Begleitakkord für die Melodie. Schreibe die passenden Akkordsymbole (D, G oder C) in die Kästchen über dem Notat.

[Tipp] Der Melodieton muss im Akkord enthalten sein. Passen zwei Akkorde, musst du entscheiden, welcher der beiden Akkorde zum Melodieverlauf besser passt. Nutze dazu z. B. das Klavier und spiele die infrage kommenden Dreiklänge zur Melodie.

Begleitung – noch leichter gemacht

(→ SB, S. 110)

Grundwissen aktiv

Umkehrung von Dreiklängen

Dreiklänge lassen sich „verwandeln". Wenn man den unteren Dreiklangston um eine Oktave nach oben versetzt, verändert sich die Gestalt und auch der Klang des Dreiklangs. Die veränderte Form des Dreiklangs wird Umkehrung genannt.

GS 1. UK 2. UK

Ergänze den Lückentext.

Grundstellung (GS): Die Töne eines Dreiklangs sind in ________________ übereinandergeschichtet.

Der Grundton liegt ____________ .

1. Umkehrung (1. UK): Versetzt man den unteren Ton um eine _______________ nach oben, erhält man eine andere Gestalt. Der ________________ liegt nun oben.

2. Umkehrung (2. UK): Versetzt man ein weiteres Mal den unteren Ton um eine Oktave nach oben, erhält man nochmals eine andere Gestalt. Der Grundton liegt jetzt in der _________ .

Aufgabe 2

(→ SB, S. 110, A 3)

a) Schreibe die Dreiklangsumkehrungen für den G-Dur-Dreiklang auf.

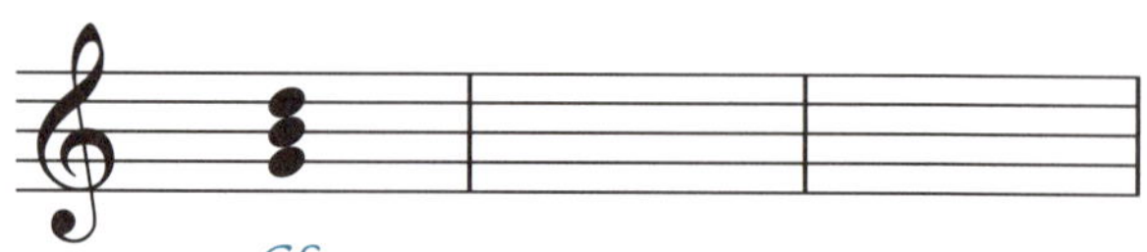

GS ________ ________

b) Notiere den D-Dur-Dreiklang in der Grundstellung und seine beiden Umkehrungen.

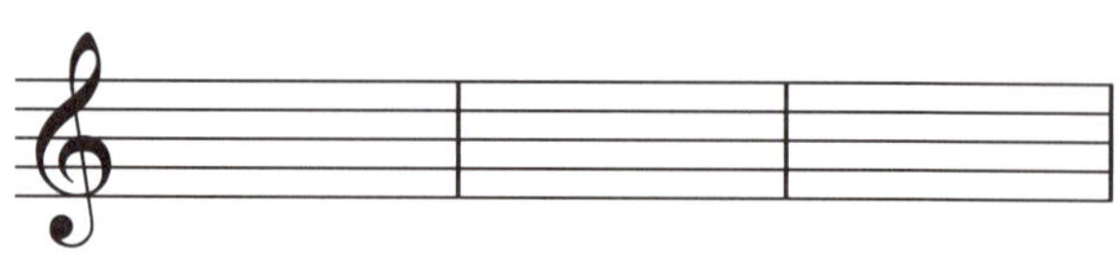

________ ________ ________

Aufgabe 3

(→ SB, S. 110, A 4)

Notiere die Begleitakkorde für den Refrain von „Let My Light Shine Bright". Halte dich dabei an die Regeln für die Verbindung von Dreiklängen und verwende die entsprechenden Akkordumkehrungen.

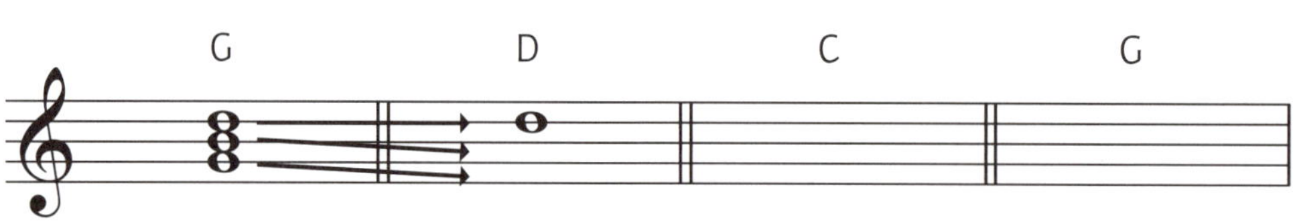

Musiklabor 3: Dreiklangsumkehrungen in Dur und Moll

(→ SB, S. 111)

Aufgabe 4

(→ SB, S. 111, A 1)

Markiere in jedem Dreiklang den Grundton farbig. Benenne dann die Dreiklänge und deren jeweilige Umkehrung.

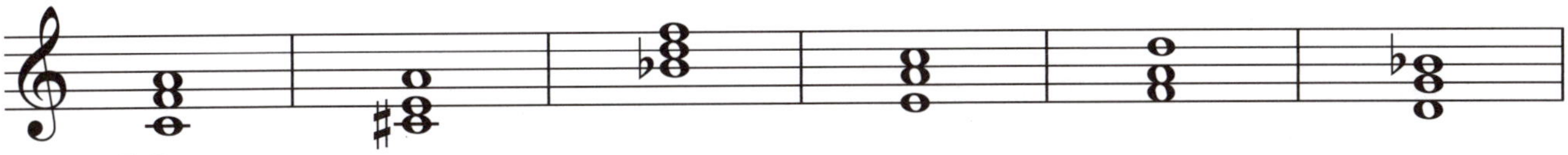

F-Dur ________ ________ ________ ________ ________

2. UK ________ ________ ________ ________ ________

Aufgabe 5

(→ SB, S. 111, A 2)

Im Schülerbuch (S. 111) siehst du eine Akkordbaumaschine, mit der man Dreiklangsumkehrungen bestimmen kann. Bestimme die Akkorde, indem du die einzelnen Schritte der Akkordbaumaschine durchführst.

[Tipp] Benutze beim Schritt „Messen" die Klaviertastatur, die hinten im Schülerbuch abgedruckt ist.

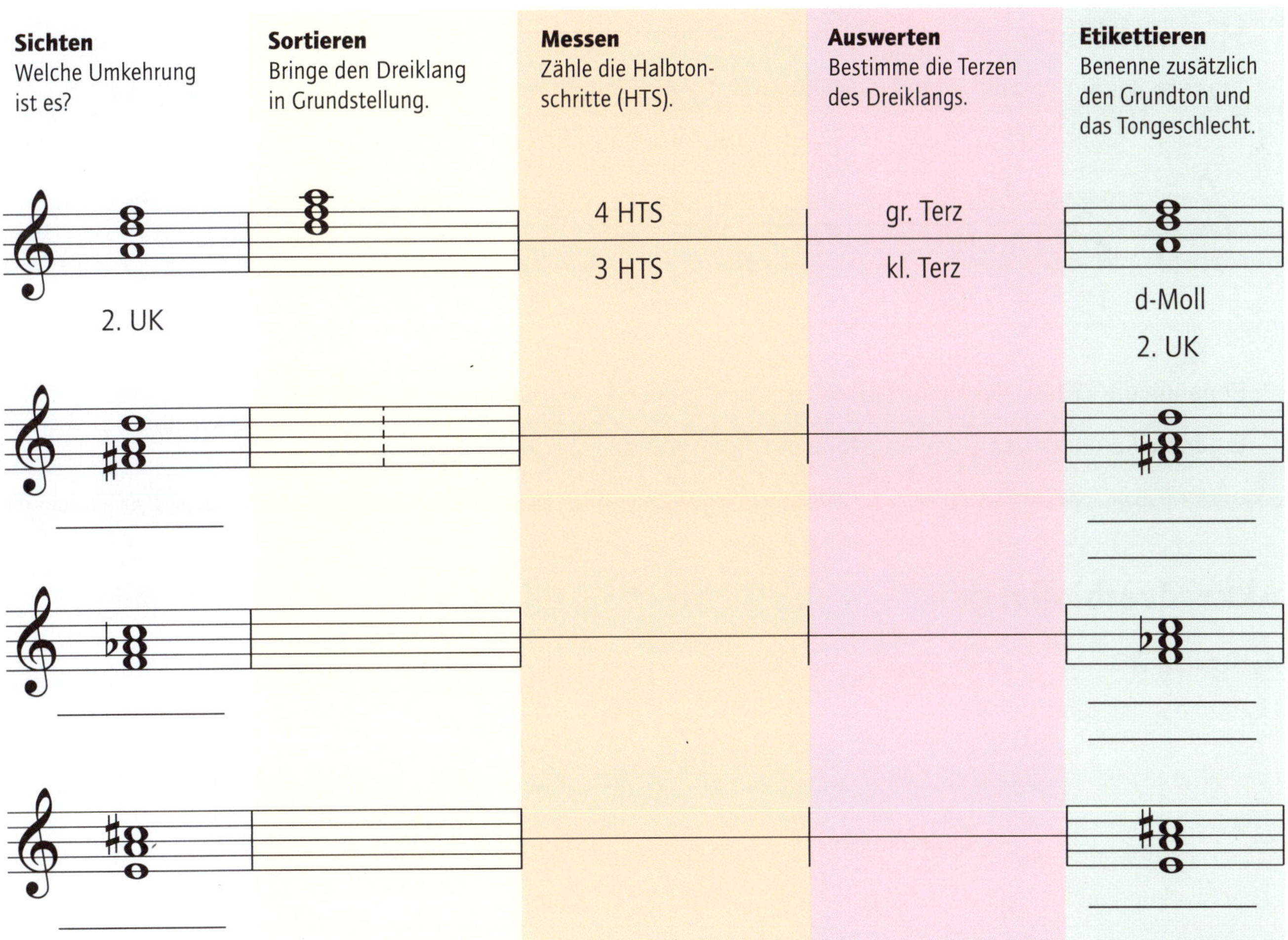

Aufgabe 6

(→ SB, S. 111, A 3)

Bei jeder Dreiklangsbenennung ist ein Fehler versteckt. Schreibe die richtigen Bezeichnungen unter die Akkorde und streiche die falschen durch.

D-Dur 1. UK | A-Dur 1. UK | B-Dur GS | G-Dur GS | c-Moll 1. UK | A-Dur GS

________ ________ ________ ________ ________ ________

Aufgabe 7

(→ SB, S. 111, A 4)

Knobelaufgabe für Profis: Für welche Töne stehen die jeweiligen Farben?

[Tipp] Überlege zunächst, welche gemeinsamen Töne G-Dur und e-Moll haben. Für den letzten farbigen Legostein bleibt nur noch ein Stammton übrig.

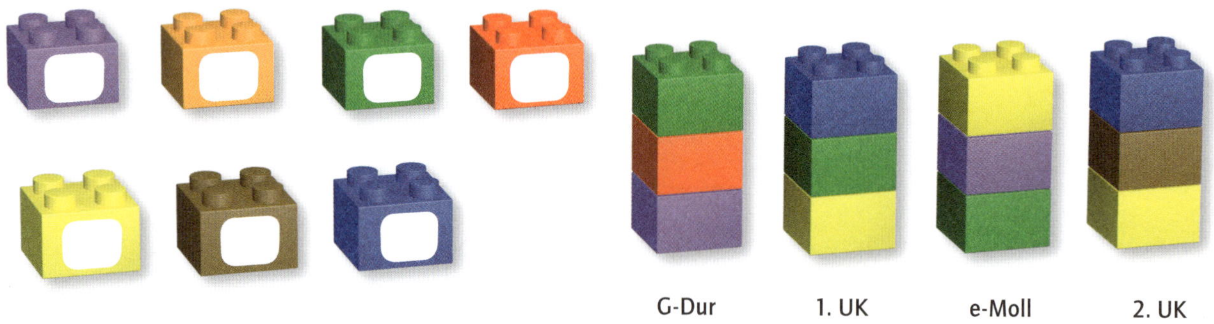

Grundwissen aktiv

Hauptstufen

Ergänze bei der abgebildeten F-Dur-Tonleiter die römischen Ziffern, die die verschiedenen Stufen der Tonleiter bezeichnen.

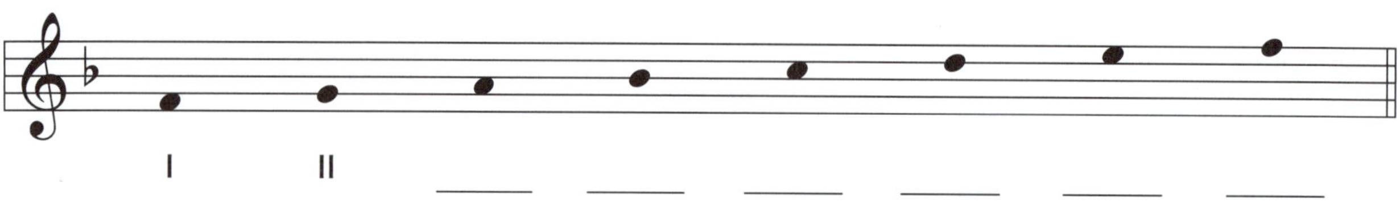

Benenne die Ziffern der Hauptstufen: _____ , _____ und _____ Stufe.

Ergänze die fehlenden Dreiklangstöne der Hauptstufen.

Akkordverbindungen

(→ SB, S. 112)

Aufgabe 8

Ergänze den Lückentext.

Der harmonische Verlauf (der aufeinander folgenden Akkorde) vor dem Schlussakkord bestimmt die ____________________ . Besonders der ______________ Akkord spielt hier eine wichtige Rolle. Eine gute Schlusswirkung ergibt sich, wenn folgende Bedingungen erfüllt sind:

1. Der Schlussakkord ist der Akkord auf der __________ Stufe und fällt auf den ________________________ (meist Zählzeit 1 des letzten Taktes).

2. Der Akkord vor dem Schlussakkord besteht aus ______________ Tönen als der Schlussakkord und sollte den ____________ (7. Ton leitet in den Grundton) enthalten. Der Akkord auf der ______________ Stufe erfüllt diese Voraussetzung und ist als Akkord vor dem Schlussakkord besonders wirkungsvoll.

Auswahlbegriffe: *anderen – ersten – fünften – Leitton – Schlusswirkung – Taktschwerpunkt – vorletzte*

Aufgabe 9

Die nachfolgenden Notenbeispiele zeigen verschiedene Kadenzen. Markiere jeweils Quintfall und Leitton.

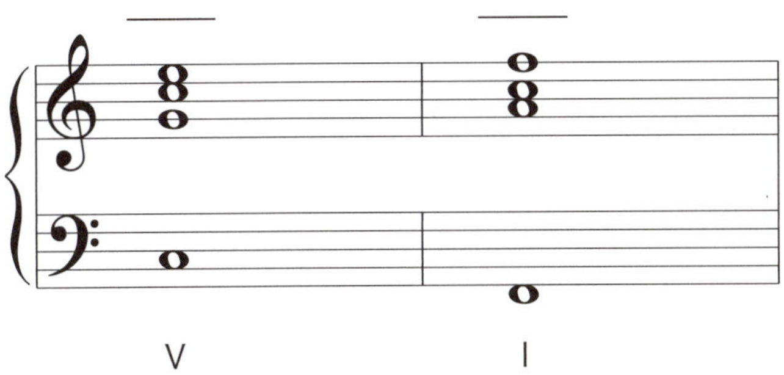

a) Schreibe die Akkordsymbole über die beiden Dreiklänge.

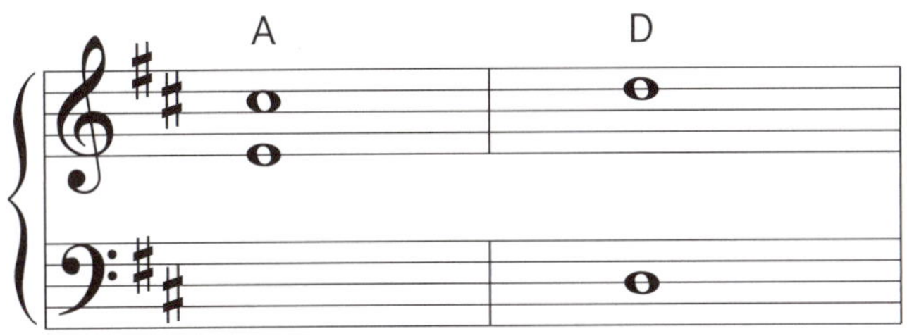

b) Ergänze die fehlenden Töne. Der Bass spielt Grundtöne, die Dreiklänge schreiten so fort, dass gleiche Töne liegen bleiben und die anderen den kürzesten Weg gehen.

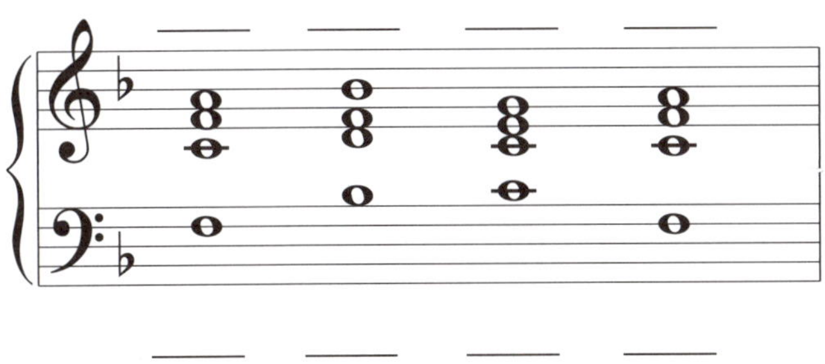

c) Ergänze Akkordsymbole und Stufen. Markiere Quintfall und Leitton.

[Tipp] Der Leitton ist immer ein Halbtonschritt und muss nicht in der obersten Stimme liegen.

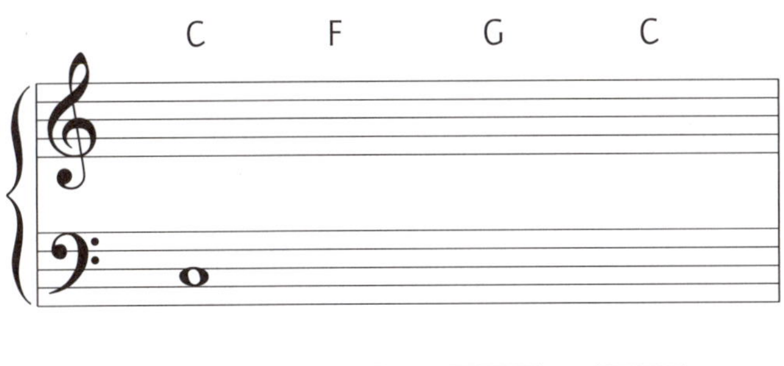

d) **Für Profis:** Schreibe die Kadenz unter Beachtung der Stimmführungsregeln aus. Beginne mit dem C-Dur-Dreiklang in der 1. Umkehrung. Notiere im Bass den Grundton des jeweiligen Akkordes. Ergänze die Stufen, Quintfall und Leitton.

! Grundwissen aktiv

Kadenz

Der folgende Text ist in den Regen gekommen. Ergänze die Stellen, die unleserlich geworden sind.

[Tipp] Die Wissensbox „Kadenz" im Schülerbuch (S. 113) hilft dir dabei.

Unter einer K[illegible] (von lat. cadere = fallen) versteht man die Abfolge von mindestens [illegible] Akkorden. Sie hat das Ziel, den Grundklang bzw. [illegible] einer Tonart zu erreichen. Dabei erzeugt die [illegible] besonders viel Spannung, die mit dem Quintfall zur [illegible] abgebaut wird. Zusätzlich trägt die Fortschreitung des [illegible] in den Grundton zum Spannungs[illegible] bei. Häufig tritt die Kadenz [illegible] oder auch I-II-V-I auf. In beiden Kadenzen kommen alle Töne der Dur-Tonleiter vor. Sie definieren somit den gesamten [illegible] einer Tonart.

Lieder begleiten

(→ SB, S. 114)

Aufgabe 10

(→ SB, S. 115, A 1/2)

a) Notiere die G-Dur-Tonleiter. Ergänze dann die Dreiklänge für die Hauptstufen der Tonleiter.

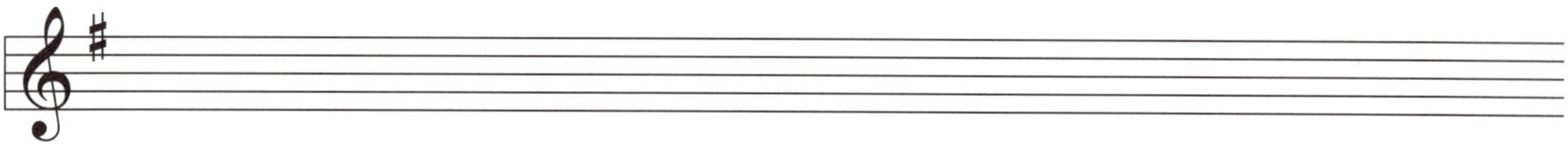

I II III IV V VI VII VIII

b) Schreibe an den grün markierten Stellen im untenstehenden Notat passende Begleitakkorde in ganzen Noten in die untere Notenzeile. Der Melodieton muss dabei im Akkordton enthalten sein.

The Lion Sleeps Tonight

Text u. Musik: L. Creatore, S. Linda, H. Peretti, G. Weiss
© Melodie der Welt

Für Profis: Schreibe die Begleitakkorde von „The Lion Sleeps Tonight" auf ein Notenblatt und wende dabei die Regeln für die Verbindung von Dreiklängen an. Hefte das Blatt anschließend hinten im Arbeitsheft ab.

[Das habe ich in diesem Kapitel gelernt]	Klar kann ich das!	Das gelingt mir meistens.	Das fällt mir noch schwer.
+ sicher mit Dur- und Moll-Dreiklängen umzugehen			
+ Umkehrungen von Dreiklängen			
+ passende Akkorde zum Begleiten von Songs zu finden			
+ was man unter Hauptstufen und einer Kadenz versteht			
+ wie eine Schlusswirkung entsteht und welche Rolle Quintfall und Leitton dabei spielen			

School of Rock

(→ SB, S. 121)

Aufgabe 1 (D 35–41)

(→ SB, S. 121, A 2/3)

a) Höre dir die Hörbeispiele an. Trage anschließend in der Tabelle ein, welches Hörbeispiel jeweils einem der Stile zugeordnet werden kann. Trage dann für jeden Stil stichpunktartig die Merkmale ein, die dir eine Zuordnung ermöglicht haben.

◯ Rhythm & Blues

___

◯ Rock 'n' Roll

___

◯ Beatmusik

___

◯ Punk

· schnelle Gitarrenrhythmen, minimale Instrumentierung

· kritische/politische Texte

◯ Techno

___

◯ Hardrock

___

◯ Reggae

___

b) Ergänze mithilfe der Texte im Schülerbuch (S. 120/121) weitere Merkmale in den Kästchen.

Aufbau eines Popsongs

(→ SB, S. 122)

Aufgabe 2 (E 1–5)

(→ SB, S. 123, A 2)

a) Höre dir die Aufnahme von „Obladi, Oblada" an und notiere den Ablauf des Songs in den Kästchen. Trage pro Kästchen jeweils einen Begriff ein. Füge wenn nötig Wiederholungszeichen ein und markiere die Formteile farbig.

Ablaufplan:

Auswahlbegriffe: *Bridge (2 x) – Intro – Refrain (4 x) – Strophe 1 – Strophe 2 – Strophe 3 – Strophe 4 – Outro*

b) Jeder Teil eines Popsongs hat eine besondere Funktion. Markiere die Formteile mit der entsprechenden Farbe und verbinde sie mit der passenden Beschreibung.

Intro – **Strophe** – **Refrain** – **Bridge** – **Outro**

erzählt die Story – stimmt auf den Song ein – bildet den Höhepunkt des Songs – bildet den Abschluss des Songs – bringt Abwechslung in den Song

Die *Beatles* – musikalischer Ausdruck einer Jugendkultur

(→ SB, S. 124)

Aufgabe 3 (E 10–12)

(→ SB, S. 124, A 1)

a) Verbinde die drei Hörbeispiele mit den entsprechenden musikalischen Merkmalen.

Hörbeispiel	musikalische Merkmale	Entwicklungsabschnitt
❶ Love Me Do ○	○ ❖ Klänge einer indischen Sitar ❖ mantraartige Wiederholung des Satzes „Jai Guru Dev Om"	______
❷ Michelle ○	○ ❖ Harmonik deutlich komplexer ❖ chromatische Tonleitern in den Mittelstimmen	______
❸ Norwegian Wood ○	○ ❖ gitarrenlastig ❖ typischer zweistimmiger Gesang	______

b) Notiere, in welchem Entwicklungsabschnitt der *Beatles* der Song jeweils entstanden ist. Die Infobox im Schülerbuch (S. 124) hilft dir dabei.

Aufgabe 4

(→ SB, S. 124, A 2)

a) In den 1960-er-Jahren wollten die als „Hippies" bezeichneten Jugendlichen dem Leistungsdruck der Gesellschaft, bürgerlichen Zwängen und Tabus entfliehen. Erkläre zentrale Begriffe der Hippiebewegung. Recherchiere dazu u. a. im Internet.

Flower Power: ______________________________

Make love, not war: ______________________________

Woodstock: ______________________________

Musical „Hair": ______________________________

____

b) Benenne weitere Begriffe, die man mit der Hippiebewegung verbindet und erkläre kurz ihre jeweilige Bedeutung.

____

____

____

____

____

Aufgabe 5 E 13–15

(→ SB, S. 125, A 3)

Heute existiert eine Vielzahl verschiedener jugendkultureller Stile nebeneinander.
Ordne die drei Hörbeispiele den Stilen **Metal, Punk** und **Hip-Hop** zu und notiere die jeweiligen musikalischen Merkmale (Instrumente, besondere Effekte, Gesangsstimme etc.).

[Tipp] Die Infos im Schülerbuch (S. 120/121) helfen dir dabei.

Hörbeispiel 1

Stil: ______________

musikalische Merkmale:

____

Hörbeispiel 2

Stil: ______________

musikalische Merkmale:

____

Hörbeispiel 3

Stil: ______________

musikalische Merkmale:

____

Rock Goes Classic

(→ SB, S. 126)

Die Band *Emerson, Lake and Palmer (ELP)* setzt die Komposition „Bilder einer Ausstellung" von Modest Mussorgski mit den klanglichen und musikalischen Möglichkeiten des Bandinstrumentariums um.

Aufgabe 6 E 16, 17

(→ SB, S. 126, A 2/3)

a) Markiere und beschrifte im Notentext jeweils musikalische Besonderheiten, anhand derer sich die beiden Ausschnitte unterscheiden lassen.

b) Ordne die Notate den Hörbeispielen zu.

Bilder einer Ausstellung (Ausschnitte)

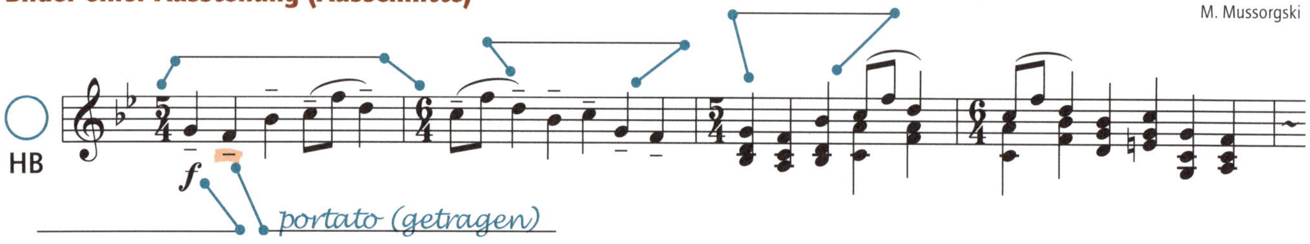

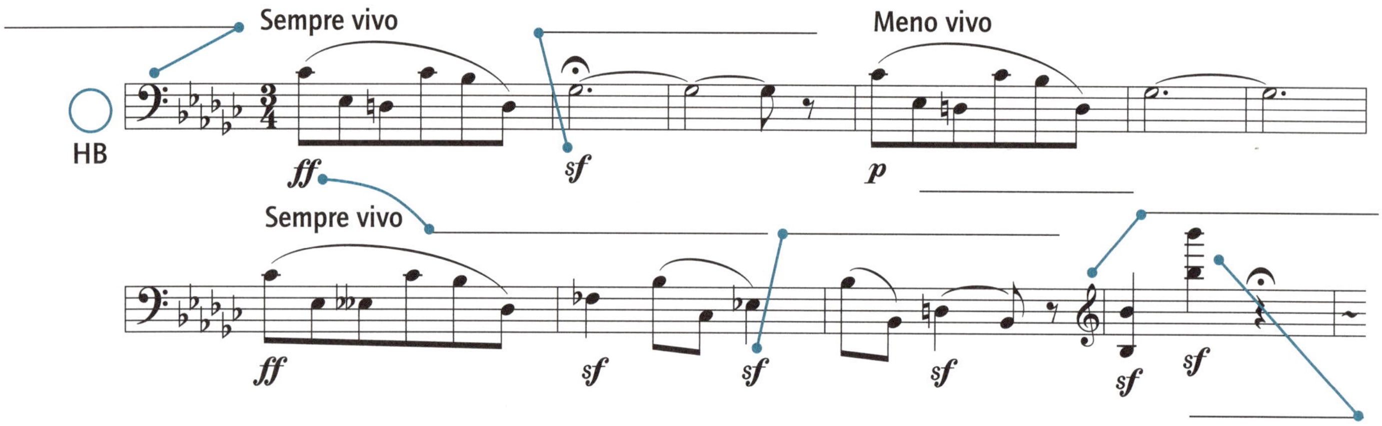

c) Das untere der beiden Notenbeispiele ist dem Stück „Gnomus" (lat.: *Zwerg*) entnommen. Beschreibe, wie Mussorgski den Zwerg musikalisch charakterisiert.

____

____

____

____

____

____

Grundwissen aktiv

Programmmusik

Ergänze den Lückentext.

[Tipp] Die Wissensbox im Schülerbuch (S. 127) hilft dir dabei.

Programmmusik stellt ohne Worte, also nur mit ____________ etwas Außermusikalisches dar. Dabei nehmen die Komponisten Anregungen aus unterschiedlichen Bereichen, z. B. aus ________________ , ________________ , ________________ und ________________ .

Aufgabe 7 E 18, 19

(→ SB, S. 127, A 4)

Höre dir den Mittelteil des „Gnomus" zunächst im Original (Mussorgski) und dann von *Emerson, Lake and Palmer* an. Notiere für jede Notenzeile Gemeinsamkeiten und Unterschiede zur Originalversion.

Gnomus (Ausschnitt)

M. Mussorgski

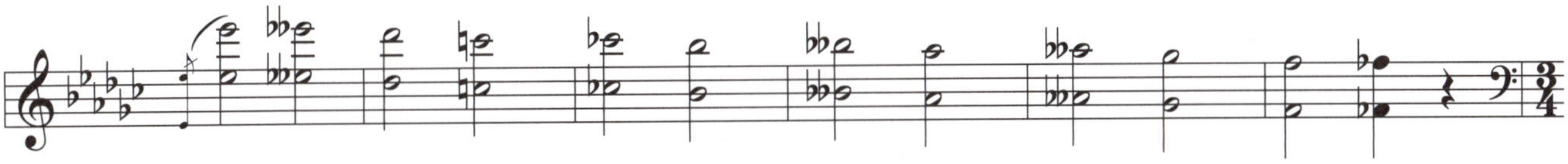

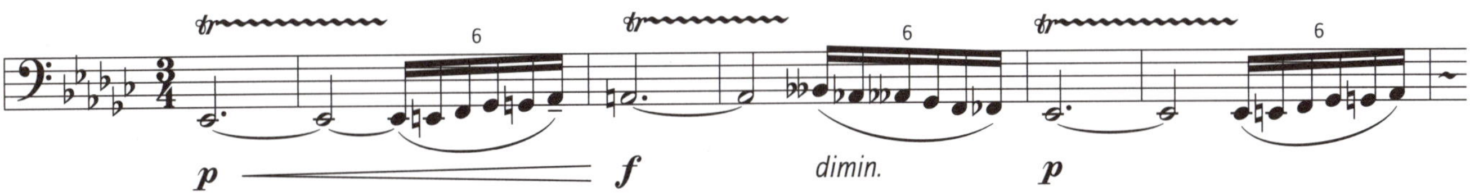

[Das habe ich in diesem Kapitel gelernt]

	Klar kann ich das!	Das gelingt mir meistens.	Das fällt mir noch schwer.
+ Merkmale verschiedener Rock- und Popstile und deren Unterscheidung			
+ wie ein Popsong aufgebaut ist			
+ Entwicklungsabschnitte der Beatles			
+ was man unter der Hippiebewegung versteht und welche Ideale sie hatte			
+ was Programmmusik ist und mit welchen Mitteln Mussorgski dabei arbeitet			

Eine musikalische Debatte – die Sonatensatzform

(→ SB, S. 130)

Aufgabe 1

(→ SB, S. 130, A 1)

a) Übertrage das Raster auf ein DIN-A4-Blatt im Querformat.

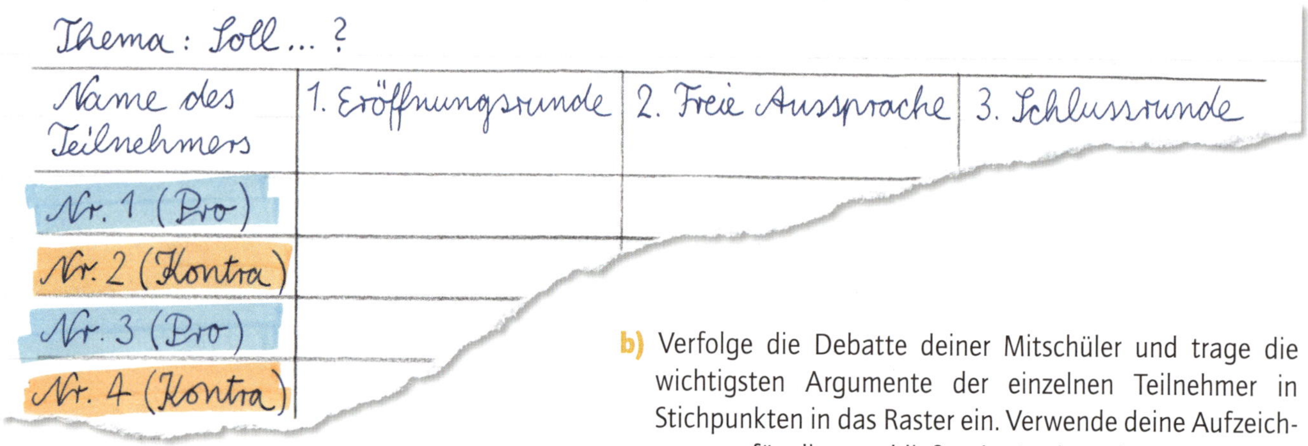

Thema: Soll … ?			
Name des Teilnehmers	1. Eröffnungsrunde	2. Freie Aussprache	3. Schlussrunde
Nr. 1 (Pro)			
Nr. 2 (Kontra)			
Nr. 3 (Pro)			
Nr. 4 (Kontra)			

b) Verfolge die Debatte deiner Mitschüler und trage die wichtigsten Argumente der einzelnen Teilnehmer in Stichpunkten in das Raster ein. Verwende deine Aufzeichnungen für die anschließende Analyse des Verlaufs der Debatte. Hefte das Blatt anschließend hinten im Arbeitsheft ein.

Aufgabe 2

E 24,25

(→ SB, S. 131, A 4)

In der f-Moll-Sonate von L. v. Beethoven kann man eine musikalische Debatte verfolgen.

a) Höre dir die beiden Themen an. Trage die Unterschiede in die Tabelle ein und verdeutliche deine Ergebnisse durch Eintragungen im Notentext.

Sonate f-Moll, 1. Satz

L. v. Beethoven

	Thema 1	Thema 2
Bewegung/ Melodieführung		
Artikulation		
Begleitung		
Dynamik	· Beginn p, dann crescendo bis f (im weiteren Verlauf)	
Tongeschlecht		· Dur

Aufgabe 3 (E 24–27)

(→ SB, S. 131, A 5)

Höre dir den ersten Satz der f-Moll-Sonate von L. v. Beethoven an. Trage anschließend in den Ablaufplan jeweils ein, ob Thema 1 (Th. 1) oder Thema 2 (Th. 2) erklingt und wo Zwischenspiele (Zwsp.) zu finden sind.

Ablaufplan:

Exposition											
	Zwsp.		:								Schluss

Aufgabe 4

(→ SB, S. 131, A 6)

a) Höre dir das Ende der Durchführung an und verfolge den Notentext. Hier greift Beethoven lediglich einen kleinen Baustein auf. In welchem Thema hast du diesen bereits kennengelernt?

Durchführung

L. v. Beethoven

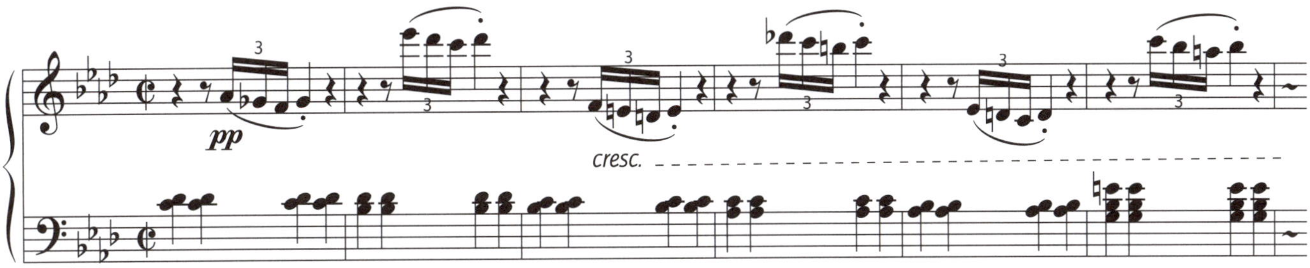

b) Beschreibe, wie Beethoven den Baustein in der Durchführung verarbeitet und was er damit möglicherweise bewirken wollte.

____

____

____

! Grundwissen aktiv

Die Sonatensatzform

Ergänze den Lückentext.

In der Sonatensatzform werden, wie in einer ______________ , meist zwei ______________________ musikalische ________________ gegenübergestellt. Sie tauchen in unterschiedlicher Form in den ____________________ der ___________________________ immer wieder auf.

Auswahlbegriffe: *Debatte – Formteil – gegensätzlich – Sonatensatzform – Themen*

Trage die Formteile der Sonatensatzform in der Tabelle ein.

______ (= Eröffnungsrunde)		______ (= freie Aussprache)	______ (= Schlussrunde)		______ (= Verabschiedung)
1. Thema	2. Thema :	thematische Arbeit, harmonische Freiheit	1. Thema	2. Thema	
Zwei gegensätzliche Themen werden in zwei verschiedenen Tonarten vorgestellt.		Die Themen treten in eine Auseinandersetzung, werden „verarbeitet", die Debatte wird „durchgeführt".	Die beiden Themen erklingen erneut, jedoch in derselben Tonart und oft leicht verändert.		Oft erklingen markante Schlussfloskeln.

Variationsbaukasten

(→ SB, S. 132)

Aufgabe 5 (E 28)

(→ SB, S. 133, A 5)

a) Höre dir das Hörbeispiel an. Beschreibe das Thema von „Ich bin der Schneider Kakadu" mithilfe der Auswahlwörter.

Der Schneider Kakadu (Thema)

W. Müller

____

____

Auswahlbegriffe: *Achtelrepetitionen (Wiederholungen) – ansteigende Melodie – Auftakt – Sechzehntelfigur*

b) Höre dir die 3. Variation der Trio-Variationen an. Markiere in der Partitur, wo das Thema zu finden ist.

Trio-Variation (über „Ich bin der Schneider Kakadu") (E 30)

L.v. Beethoven

c) Ergänze den Lückentext.

Das ____________ begleitet das Cello mit ______________ . Das ___________ umspielt die Melodietöne mit Sechzehntelnoten. Die __________________ des Themas finden sich aber auch in der ___________ Stimme des _____________ .

Auswahlbegriffe: *Akkorde – Cello – Klavier (2x) – Melodietöne – obere*

! Grundwissen aktiv

Variation

Ergänze den Lückentext.

Ausgehend von einem Thema können bei einer Variation folgende musikalische Parameter verändert werden:

- die ______________ (z. B. durch Umspielungen)
- die ______________ (Lautstärke)
- der ______________ (Veränderung der Notenwerte)
- das ______________ (Dur/Moll)
- die ______________ (z. B. mit Dreiklängen oder Gegenstimmen)

Der Blues

(→ SB, S. 134)

Aufgabe 6

(→ SB, S. 135, A 1)

a) Notiere die Akkordfolge für den Song „I Done Got Over It". Ergänze anschließend die jeweilige Stufe mit römischen Ziffern. D7 ist dabei Stufe I.
Achtung: Die Zählung beginnt nach dem Doppelstrich. Der Auftakt zählt nicht mit.

Takt	1	2	3	4	5	6	7	8	9	10	11	12
Akkord	D7											
Stufe												

b) Markiere die I., IV. und V. Stufe in der Tabelle farbig.

Aufgabe 7

(→ SB, S. 135, A 2)

a) Schreibe den Tonvorrat, aus dem die Melodie von „I Done Got Over It" gebildet ist, vom höchsten Ton aus absteigend in die obere der beiden Notenzeilen.

Wie nennt man diese Tonleiter? ______________________________

[Tipp] Zähle die verschiedenen Töne (gleichnamige Töne in anderen Oktaven zählen nur einmal).

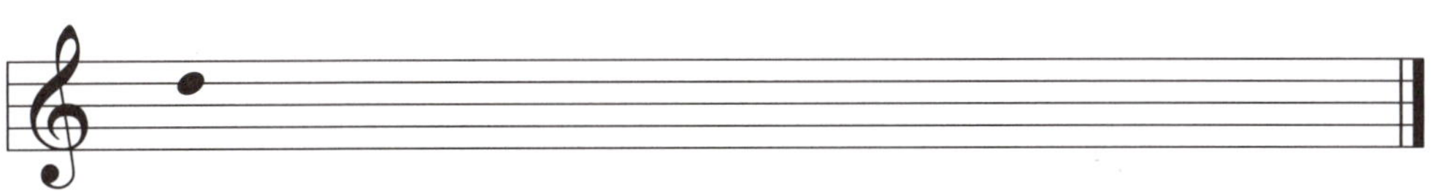

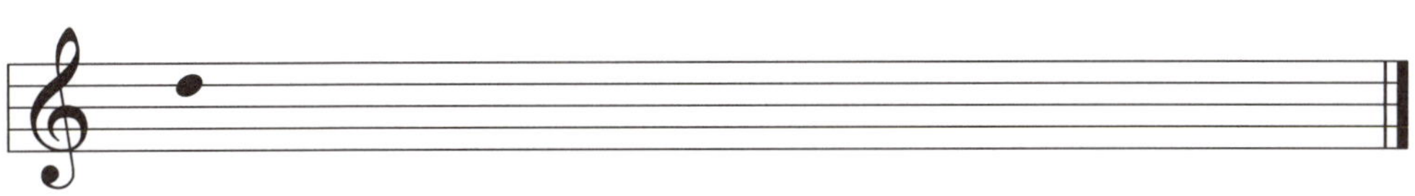

b) Der Song steht in D-Dur. Notiere in der unteren Notenzeile die D-Dur-Tonleiter absteigend. Achte dabei auf die richtigen Versetzungszeichen.

c) Vergleiche beiden Tonleitern. Wo gibt es Abweichungen innerhalb des Tonvorrats, der bei beiden Tonleitern vorhanden ist? Markiere diese Stellen.

d) Erkläre die Abweichungen.

[Tipp] Die Infobox „Blue Notes" im Schülerbuch (S. 135) hilft dir dabei.

____
____
____
____
____
____
____

Aufgabe 8 *Unser kleines Projekt*

(→ SB, S. 136, A 1)

- **Schritt 1:** Bildet zwei Gruppen. Eine Gruppe spielt zunächst die ersten Takte der Bluesbegleitung (also vier Takte D-Dur) aus dem Schülerbuch (S. 139 unten). Die andere Gruppe spielt die unten auf dieser Seite abgebildeten Melodiebausteine.
- **Schritt 2:** Wählt zwei Melodiebausteine für die ersten beiden Takte aus und notiert diese in den Notenzeilen unten.
- **Schritt 3:** Erfindet einen Text zu den ausgewählten Melodiebausteinen. Achtet auf eine korrekte rhythmische Verteilung der Silben. Passt den Text gegebenenfalls an und notiert euren Text unter den Noten.
- **Schritt 4:** Erarbeitet auf diese Weise auch Melodie und Text der zweiten und dritten Zeile.

[Tipp] Ihr könnt die vorgeschlagenen Melodiebausteine abwandeln oder etwas Eigenes erfinden. Achtet aber immer auf den Bauplan und passt Melodie und Text an.

Unser Blues: ______________________________

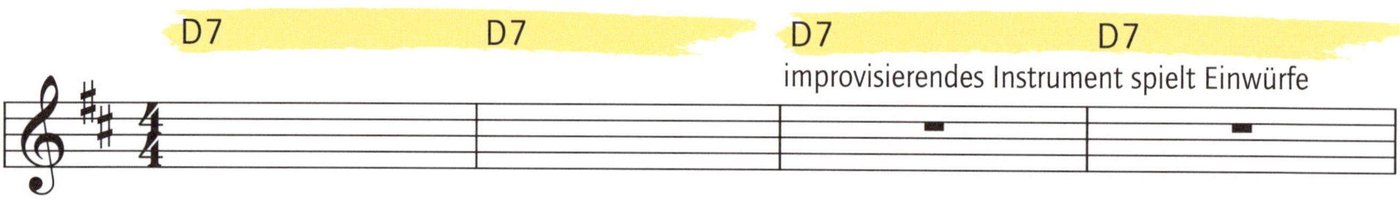

Text: ______________________________

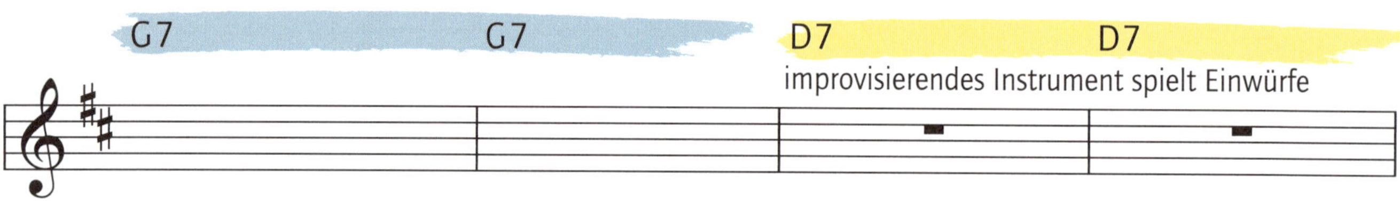

____

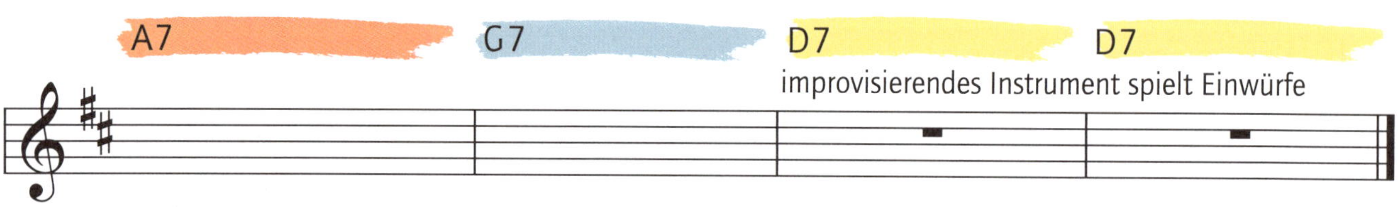

____

Bausteine für die Melodie

! Grundwissen aktiv

Blues

Ergänze den Lückentext.

Der __________ entstand im ______________________ im ______________________ . Als musikalische Form ist er der wichtigste __________________ der ____________________ -Musik. ______________________ für den Blues ist das ______________________ -Prinzip. Dabei wird eine gesungene _______________ mit einem __________________ oder einem Chor wiederholt.

Die Melodien verwenden fast immer den Tonvorrat der Blues-Tonleiter, die folgende Töne umfassen kann:

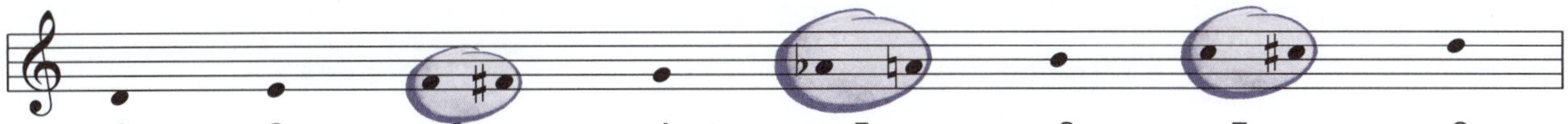

1. 2. 3. 4. 5. 6. 7. 8.

Auswahlbegriffe: *Blues – Call-&-Response – charakteristisch – Instrument – 19. Jahrhundert – Phrase – Süden der USA – Pop- und Rock – Vorläufer*

! Grundwissen aktiv

Bluesform

Ergänze den Lückentext.

Die häufigste Bluesform besteht aus __________ Takten. Diese sind in __________ -Gruppen aufgeteilt. Zeile ________ und ________ ähneln sich in Text und Melodie sehr, Zeile ________ bringt eine Weiterführung, die oft eine erklärende Wendung hat.

Auswahlbegriffe: *drei – eins – Vierer – zwei – zwölf*

Ergänze die Tabelle.

I			
A Call (Aussage)		Response	
A Call (Wiederh./Bestätig.)		Response	
			V (I)
B Lösung/Schlussfolgerung		evtl. Einwurf	

[Das habe ich in diesem Kapitel gelernt]

	Klar kann ich das!	Das gelingt mir meistens.	Das fällt mir noch schwer.
+ eine Debatte zu verfolgen und zu analysieren			
+ den Aufbau der Sonatensatzform			
+ Möglichkeiten, Musik zu variieren			
+ den harmonischen Aufbau des Bluesschemas und das Call-&-Response-Prinzip			
+ Grundlegendes über die Herkunft des Blues			
+ einen Blues selbst zu erfinden			

Die Idee der Freiheit – Egmont

(→ SB, S. 142)

Aufgabe 1 E 41, 42

(→ SB, S. 142, A 1)

Beethoven nutzt in seiner „Egmont-Ouvertüre" zwei sehr unterschiedliche Themen, um die Gegensätze von Freiheit und Unterdrückung musikalisch darzustellen.

A
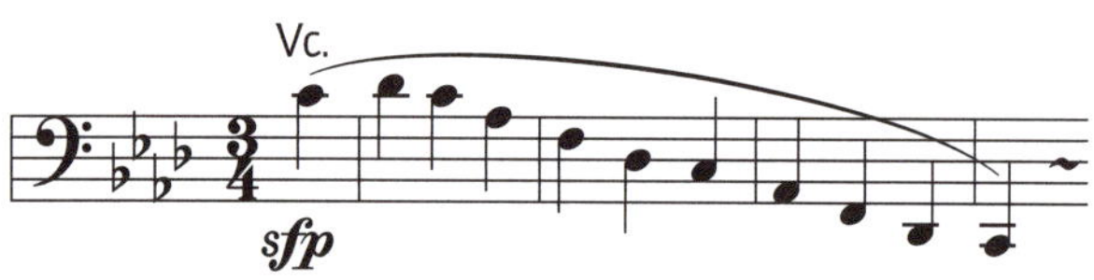

B

a) Notiere in der Tabelle die musikalischen Merkmale der beiden Themen.

	A Thema des ____________	B Thema des ____________
Rhythmik		
melodische Gestaltung		
Vortragsbezeichnungen/Artikulation		

b) Eines der beiden Themen steht für den freiheitssuchenden Egmont, das andere für den Unterdrücker Alba. Ordne die Themen jeweils einem der Protagonisten zu und trage den Namen in die Kopfzeile ein.

c) Beethoven verwendet zur Charakterisierung des Herzogs Alba den Rhythmus der Sarabande. Überlege, welche Hintergründe das haben könnte und formuliere einen kurzen Text dazu.

[Tipp] Lies dir die Informationen zur Sarabande im Schülerbuch (S. 40/41) nochmals durch.

Aufgabe 2 (CD E 43, 48)

(→ SB, S. 142, A 2)

Höre dir die langsame Einleitung der „Egmont-Ouvertüre" an und verfolge den Notenausschnitt im Schülerbuch (S. 142). Beschreibe mithilfe der Auswahlbegriffe im Schülerbuch (S. 142), wie Beethoven die Ausgangssituation zwischen Alba und Egmont musikalisch darstellt. Halte deine Beschreibung auf einem Blatt fest, das du später hinten im Arbeitsheft einordnest.

L. van Beethoven: Egmont-Ouvertüre
Ein wuchtiger Akkord im Forte eröffnet wie ein Ausrufezeichen die Szene. Daraufhin stellen die Streicher in tiefer Lage das Thema Albas vor.

Aufgabe 3 (CD E 43–48)

(→ SB, S. 143, A 4/5)

a) Auf den Kärtchen siehst du die verschiedenen Handlungsabschnitte der „Egmont-Ouvertüre". Ordne diese den einzelnen Formteilen der Sonatensatzform zu, indem du die jeweilige Überschrift in den Verlaufsplan einträgst.

b) Höre dir die Ouvertüre nochmals an und notiere mithilfe einer Stoppuhr in der unteren Zeile der Tabelle die Zeitpunkte, zu denen die Formteile jeweils beginnen.

Tod Egmonts:
- nachfolgender Triumph der freiheitssuchenden Holländer

Aufbruch:
- vorantreibendes Thema Egmonts
- kontrastierendes Thema des Herzogs Alba

Widerstreit der Parteien:
- einzelne Motive in starkem Kontrast

Thema Egmonts:
- Thema Egmonts erklingt, Thema des Alba behält aber das letzte Wort

Ausgangssituation:
- spanische Unterdrücker ↔ leidende Holländer

Ablaufplan:

Formteil	Einleitung	Exposition	Durchführung	Reprise	Coda
Handlung					
Zeit					

Szenische Fantasien

(→ SB, S. 146)

Aufgabe 4 E 50

(→ SB, S. 147, A 2)

Beethoven stellt in seinem Klavierkonzert Nr. 4, 2. Satz das Klavier dem Orchester kontrastierend gegenüber. Notiere die musikalischen Gestaltungsmittel, die im Kontrast zueinander stehen. Markiere sie anschließend mit der entsprechenden Farbe im Partiturausschnitt.

Orchester ⟷	Klavier
laut (forte)	*molto cantabile (gesanglich)*

Klavierkonzert Nr. 4, 2. Satz

L. v. Beethoven

Aufgabe 5 E 50

(→ SB, S. 147, A 3)

Höre dir den gesamten 2. Satz von Beethovens Klavierkonzert an und skizziere den Ablauf als Hörpartitur. Trage dazu zunächst mit Bleistift Schlangenlinien zu den Zeiten ein, an denen das Orchester bzw. das Klavier spielt. Verwende dazu eine Stoppuhr. Beim zweiten Anhören kannst du die Linien dann mit deinem Füller nachzeichnen und gegebenenfalls noch Verbesserungen vornehmen.

Ablaufplan:

Klavier																	
Orchester																	
Zeit	0:00	0:15	0:30	0:45	1:00	1:15	1:30	1:45	2:00	2:15	2:30	2:45	3:00	3:15	3:30	3:45	3:50

Die klassische Sinfonie

(→ SB, S. 148)

Aufgabe 6

(→ SB, S. 148, A 2)

a) Markiere in der Partitur mit der entsprechenden Farbe, zu welchen Instrumentengruppen des Orchesters (Holzbläser, Blechbläser, Streicher) die Instrumente jeweils gehören.

b) Trage ein, welche Aufgabe die Instrumentengruppen jeweils übernehmen (Melodie, rhythmische Begleitung, liegende Begleitakkorde)

Sinfonie Nr. 45, 1. Satz

J. Haydn

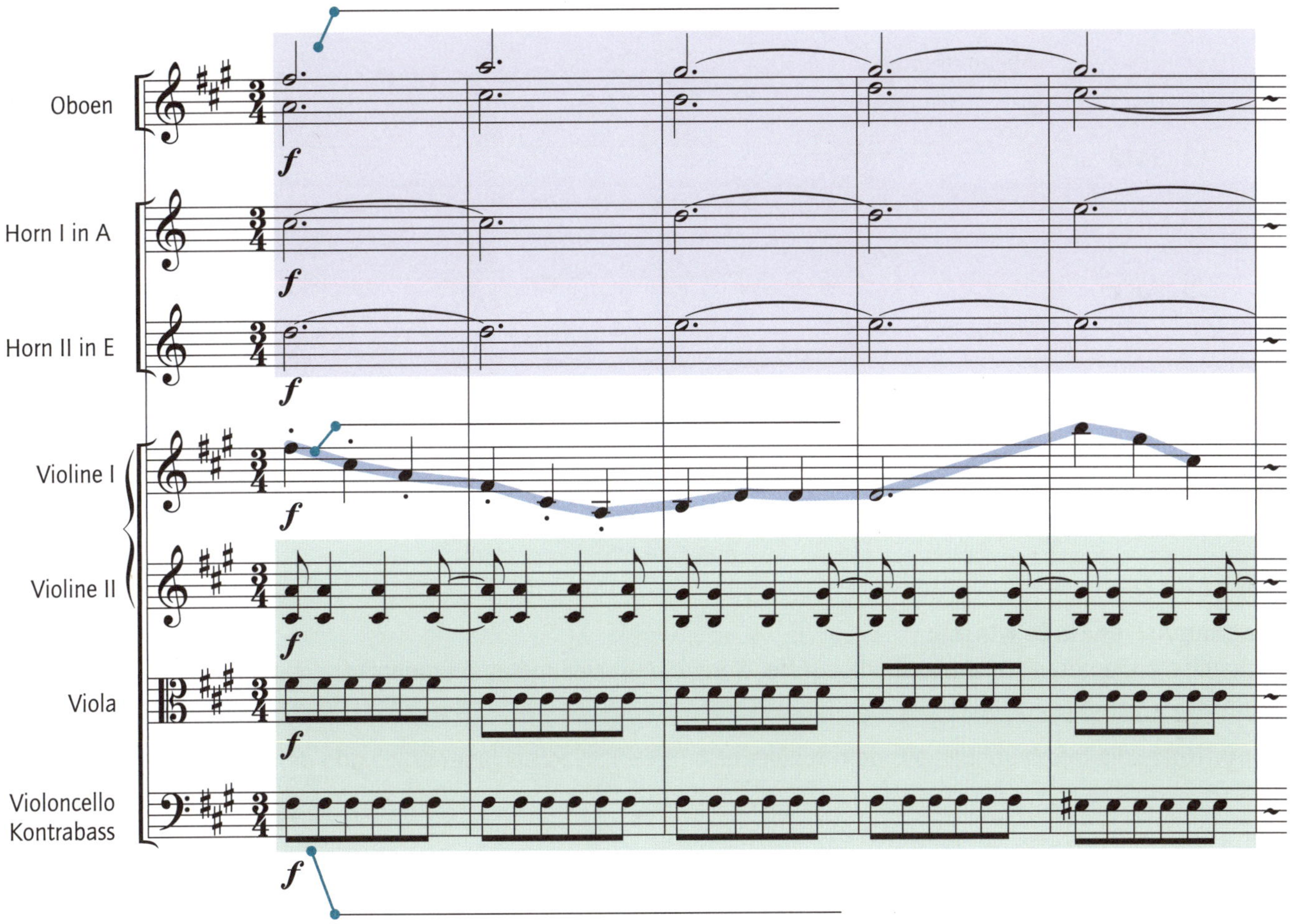

Aufgabe 7

(→ SB, S. 149, A 3)

Höre dir mithilfe der Mitlaufpartitur das „Abschiedsadagio" aus Haydns Sinfonie Nr. 45 an. Erstelle auf einem Blatt Papier einen Ablaufplan, in dem du vermerkst, in welcher Reihenfolge die Instrumente „die Bühne verlassen". Hefte das Blatt anschließend hinten im Arbeitsheft ab.

[Tipp] Die Instrumente, die aufhören zu spielen, beginnen einige Takte vorher zu blinken.

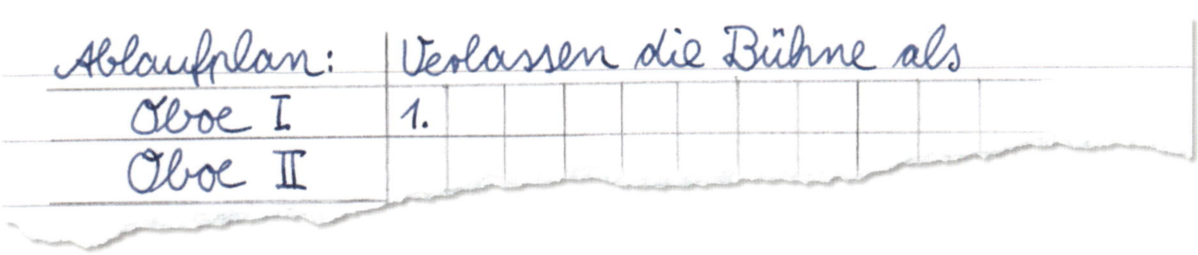

! Grundwissen aktiv

Die klassische Sinfonie

Die Sinfonie ist die wichtigste Gattung der Wiener Klassik. Sie ist ein Stück für Orchester. Die Übersicht zeigt den typischen Aufbau einer Sinfonie im 18. Jahrhundert.

Ergänze in der Tabelle für jeden Satz das Tempo und weitere typische Merkmale.

Sinfonie Nr. 8	Tempo	musikalische Merkmale
1. Satz	____________ (Allegro molto)	____________ ____________
2. Satz	____________ (Andante)	____________ ____________
3. Satz	____________ (Menuetto)	____________ ____________
4. Satz	____________ (Presto)	____________ ____________

Aufgabe 8

(→ SB, S. 150)

Epochenvisitenkarte Klassik

Recherchiere die unten stehenden Fachbegriffe. Notiere anschließend dein Ergebnis stichpunktartig zu jedem Fachbegriff.

[Tipp] Nutze die Informationen aus dem Schülerbuch (S. 150), Nachschlagewerken und dem Internet.

Aufklärung	motivisch-thematische Arbeit	obligate Begleitung	Wiener Klassik

Musiklabor 4: Hören aktiv

(→ SB, S. 152)

Aufgabe 9

1–4

(→ SB, S. 152, A 1)

Höre dir die Hörbeispiele mehrfach an und sammle deine Hörergebnisse in der Tabelle. Bestimme mithilfe der Grafik im Schülerbuch (S. 152 f.), aus welcher Epoche die Hörbeispiele stammen.

HB	Besetzung	Melodie-bildung	Rhythmus	Art der Zusammen-klänge	Ausdrucks-mittel	Epoche (Barock oder Klassik?)
1						
2						
3						
4						

[Das habe ich in diesem Kapitel gelernt]

	Klar kann ich das!	Das gelingt mir meistens.	Das fällt mir noch schwer.
+ wie Beethoven die Geschichte Egmonts musikalisch umsetzt			
+ den Charakter von Themen in einer Sonatensatzform näher zu bestimmen			
+ wie Beethoven musikalische Kontraste komponiert			
+ den Aufbau einer klassischen Sinfonie und die wichtigsten Tempobezeichnungen			
+ eine Sinfonie von Haydn näher zu bestimmen			
+ Barockmusik von Musik der Klassik zu unterscheiden			

Fremd und vertraut in Deutschland – Jugendliche musizieren

(→ SB, S. 156)

Aufgabe 1

(→ SB, S. 156, A 1)

Lies dir die Steckbriefe zum Schülerbuch (S. 156 f.) zu den abgebildeten Musikgruppen durch und sieh dir das Video zu den musikalischen Jugendszenen an. Suche dir vier Ensembles aus und notiere auf den unten abgebildeten Kärtchen jeweils die Bezeichnung des Ensembles (Blaskapelle, Sinfonieorchester, Band etc.) und die jeweilige Besetzung (Instrumente). Ergänze anschließend weitere Besonderheiten.

Name: ______________________________

Ensemble: ______________________________

Besetzung: ______________________________

Besonderheiten: ______________________________

____

____

Name: ______________________________

Ensemble: ______________________________

Besetzung: ______________________________

Besonderheiten: ______________________________

____

____

Name: ______________________________

Ensemble: ______________________________

Besetzung: ______________________________

Besonderheiten: ______________________________

____

____

Name: ______________________________

Ensemble: ______________________________

Besetzung: ______________________________

Besonderheiten: ______________________________

____

____

Aufgabe 2

Ordne die Aussagen der einzelnen Musiker dem entsprechenden Ensemble zu, indem du die richtige Zahl in der jeweiligen Sprechblase einträgst. Überprüfe deine Zuordnung mithilfe der Videodokumentation.

„Wir implizieren mit unserer Konstellation, was wir sind, ohne zu sagen, wir wollten die Welt verbessern." ◯

„Ich bin lieber mit meinen Musikerfreunden glücklich, als ‚cool' zu sein." ◯

„In unseren Texten ist (...) die Liebe ein großes Thema." ◯

„Wir wollen Spaß an der Musik, Freude vermitteln." ◯

1 **Thomanerchor Leipzig**

2 **ColdFlame, Göppingen**

3 **Landesjugendorchester NRW Düsseldorf**

4 **Trachtenverein Peterskirchen**

5 **Cantavells Frankfurt**

„ ... , weil es sehr gemütlich ist und viel Spaß macht." ◯

„ ... , weil mehrere Stimmen viel schöner klingen als eine." ◯

„Wenn der Applaus losgeht, ist das ein überwältigender Moment." ◯

„Hier gibt es Leute, die sich für das Gleiche interessieren wie man selbst." ◯

„Es ist ein Traum, Erfolg mit seiner Musik zu haben." ◯

Aufgabe 3

(→ SB, S. 156, A 3)

Partnerarbeit:

a) Interviewe deinen Tischnachbarn über seine musikalische Welt. Notiere dazu Stichpunkte auf einem Blatt.

Die musikalische Welt von ______________

- Welche Musik hörst du gerne?
- Wann hörst du Musik?
- Spielst du ein eigenes Instrument?
- Welche Musikgruppen kennst du in unserer Region / Stadt?
- Spielst du in einer der Musikgruppen mit?

b) Diskutiere mit deinem Partner, welche Unterschiede es zwischen seiner musikalischen Welt und der musikalischen Welt der im Video dargestellten Musikgruppen gibt. Haltet euer Ergebnis auf einem Blatt fest. Heftet das Blatt anschließend hinten im Arbeitsheft ab.

Claude Debussy und der Klang des „Exotischen“

(→ SB, S. 164)

Aufgabe 4

(→ SB, S. 164, A 1)

a) Das Notenbeispiel aus „Pagodes“ von Claude Debussy zeigt drei Klangschichten. Markiere die Schichten mit verschiedenen Farben.

Pagodes (Ausschnitt)

C. Debussy

b) Welche Aussagen über die Anlage der Schichten treffen zu? Kreuze an.

Höhere Schichten haben kleinere Notenwerte. ○	Die obere Schicht hat die größten Notenwerte. ○
Die tiefe Schicht ist sehr gleichförmig. ○	Die tiefe Schicht spielt die Kernmelodie. ○
Die höheren Schichten basieren auf kurzen, eher gleichförmigen Patterns. ○	Die beiden höheren Schichten bilden eine Einheit, indem sie rhythmisch ineinander greifen. ○

c) Ordne die musikalischen Beschreibungen den einzelnen Klangschichten zu. Markiere dazu jeweils die Aussagen mit der Farbe, die du für die jeweilige Klangschicht im Notat gewählt hast.

- synkopierter Rhythmus mit Viertelnoten
- eine Figur aus drei Tönen wird ostinat wiederholt
- Ausschnitte der Ganztonleiter
- zwei Töne im Abstand einer großen Sekunde

Aufgabe 5

(→ SB, S. 164, A 1)

Vergleiche den Notentext von „Pagodes“ mit dem Spielstück „Gilak“ in deinem Schülerbuch (S. 163). Fülle anschließend den Lückentext aus.

Bei beiden Stücken ist der Aufbau in ______________________ deutlich erkennbar. Debussy lässt in der unteren Zeile eine Kernmelodie aus den Tönen einer ____________________ spielen, darüber erklingen ________ unterschiedliche Schichten in verschiedenen ________________ Ebenen, jeweils aus nur ________ Tönen (Abstand eines ________________) bestehend. Ähnliche ostinate Patterns finden sich auch im Spielstück „Gilak“, z. B. in den __________________ des Reihengongspiels (kotèkan) oder der ________________ (pokok).

Auswahlbegriffe: *Ganzton – Ganztonleiter – Kernmelodie – Klangschichten – metrisch – Umspielungen – zwei (2 x)*

Aufgabe 6 F 18–20

(→ SB, S. 165, A 4)

Ordne die Hörbeispiele den drei kurzen Beschreibungen zu. Gib kurz an, was dir eine Zuordnung ermöglicht hat.

HB	Beschreibung	Begründung für die Zuordnung
◯	*Ein Faun träumt in der Nachmittagssonne von der Liebe …*	
◯	*Das Spiel der Wellen …*	
◯	*Eine versunkene Kathedrale …*	

! Grundwissen aktiv

Impressionismus

Beantworte mithilfe des Schülerbuches (S. 165) folgende Fragen:

Was war das Anliegen der Impressionisten?

Wer war der Hauptvertreter des musikalischen Impressionismus?

Welche Neuerungen prägen Debussys Musik?

[Das habe ich in diesem Kapitel gelernt]	Klar kann ich das!	Das gelingt mir meistens.	Das fällt mir noch schwer.
+ die Vielfalt musikalischer Jugendkulturen in Deutschland			
+ die Gemeinsamkeiten zwischen der Musik Debussys und der Gamelanmusik			
+ Merkmale des Impressionismus			
+ eine Kompositionstechnik von Claude Debussy			

Funktionale Musik

(→ SB, S. 168)

Aufgabe 1

F 24, 25

(→ SB, S. 168, A 1)

a) Führe das Experiment im Schülerbuch (S. 168, A 1) durch. Trage die drei Werte deines Pulsschlags ein.

Pulsfrequenz (Schläge pro Minute)

______ Ruhepuls	______ Puls nach HB 1	______ Puls nach HB 2

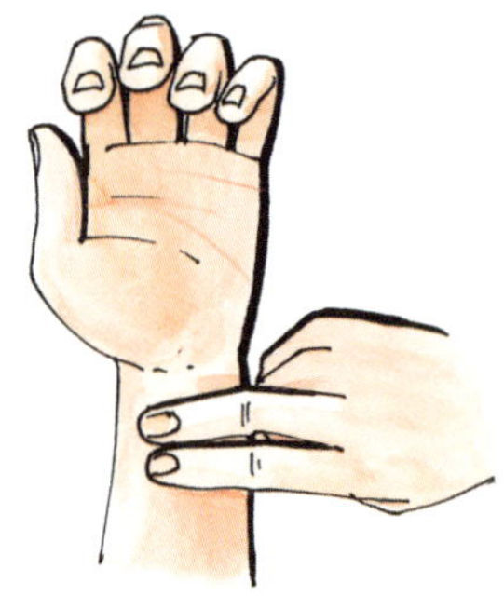

b) Welchen Zusammenhang kannst du zwischen der Musik und deinem Puls feststellen?

____

____

____

Aufgabe 2

(→ SB, S. 168, A 4)

Ordne die Begriffe den musikalischen Parametern zu.

	eher geeignet für ergotrope (aktivierende) Musik	eher geeignet für trophotrope (beruhigende) Musik
Tempo		
Artikulation		
Lautstärke		
Melodiegestaltung		
Zusammenklang		

- sanft fließende Melodie
- weich, gleichmäßig
- eher forte
- Konsonanzen
- eher Dur
- Dissonanzen
- eher piano
- langsam
- schnell
- eher Moll
- viele Akkordwechsel
- Melodie mit vielen Sprüngen
- hart, akzentuiert
- wenige Akkordwechsel

! Grundwissen aktiv

Wirkung von Musik

Ergänze den Lückentext.

Wissenschaftler unterscheiden zwei Arten von Musik:

- ______________ Musik stimuliert und aktiviert den Körper. Durch sie können sich Pulsschlag und Atemfrequenz __________________ und somit ____________ sich der Blutdruck.
- ______________ Musik entspannt und beruhigt den Körper. Pulsschlag und Atemfrequenz können sich __________________ und somit ____________ sich der Blutdruck.

Auswahlbegriffe: *beschleunigen – ergotrop – erhöhen – senken – trophotrop – verlangsamen*

Aufgabe 3

26, 27

(→ SB, S. 169, A 6)

a) Höre dir die Hörbeispiele aus dem Film „Wer früher stirbt ist länger tot" an. Beschreibe in Stichworten die musikalischen Gestaltungsmittel.

b) Kreuze an, welches Hörbeispiel eher trophotrope bzw. ergotrope Wirkungen erzeugt.

Hörbeispiel 1	Hörbeispiel 2
______________________	______________________
______________________	______________________
______________________	______________________
______________________	______________________
______________________	______________________
______________________	______________________
☐ trophotrop ☐ ergotrop	☐ trophotrop ☐ ergotrop

c) Überlege, in welcher Situation sich die beiden Personen auf den Bildern jeweils befinden und entwerfe eine Filmszene. Halte deine Ideen stichpunktartig auf einem Blatt Papier fest.

[Tipp] Überlege, was die Person jeweils in der Szene gerade macht, sieht und fühlt.

d) Ordne die beiden Hörbeispiele den Bildern zu und begründe deine Entscheidung. Hefte das Blatt abschließend hinten im Arbeitsheft ein.

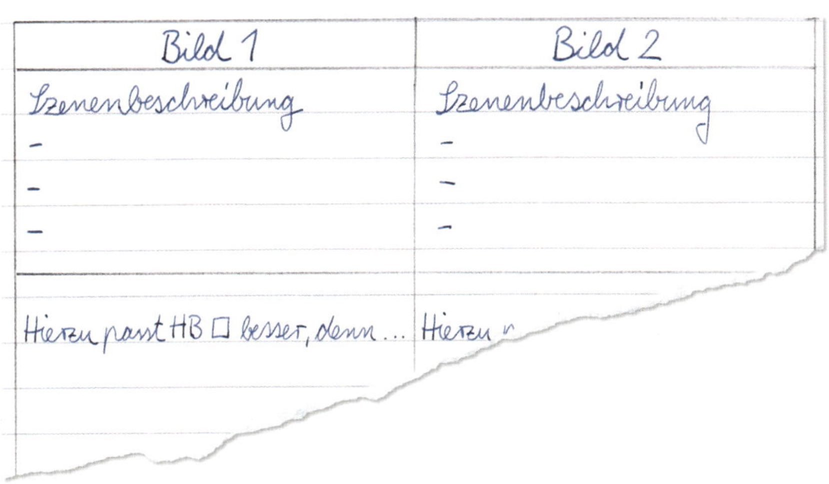

Aufgabe 4

(→ SB, S. 169, A 7)

Überlege, welche Chancen und Risiken mit Musik verbunden sein können. Nenne jeweils Beispiele.

Musik kann ... **Beispiel**

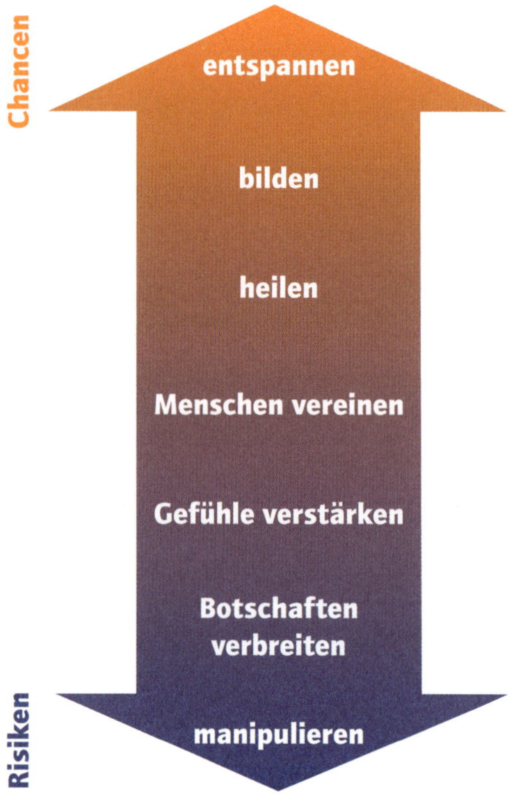

Musik zu Hause, Meditationsmusik,

Musikpädagogik, Unterstützung beim Spracherwerb (Kinderlieder)

Musik und Werbung

(→ SB, S. 170)

Aufgabe 5

F 28, 29

(→ SB, S. 170, A 1)

a) Höre dir die vier Hörbeispiele an und verfolge den jeweiligen Notentext. Untersuche anschließend die Notenbeispiele hinsichtlich ihrer musikalischen Gestaltung und notiere deine Beobachtungen stichpunktartig. Kennzeichne deine Beobachtungen auch im jeweiligen Notentext.

Notenbeispiel	musikalische Gestaltung	Form der Werbemusik

Notenbeispiel	musikalische Gestaltung	Form der Werbemusik
	______	______
	______	______

b) Trage ein, um welche Form von Werbemusik es sich jeweils handelt.

! Grundwissen aktiv

Formen von Musik in der Werbung

1. ______________________ : kurze Melodie als Erkennungssignal
   → soll Aufmerksamkeit erregen, erklingt meist am Ende des Werbespots
2. ______________________ : gesungener Werbeslogan
   → kurzes Motiv, oft von bekannten Melodien abgeleitet
3. ______________________ : gesungene Werbebotschaft
   → genutzt wird oft ein bekannter und erfolgreicher Song
4. ______________________ : hinter dem gesprochenen Text
   → tritt nur in den Sprechpausen hervor, verleiht dem Spot eine bestimmte Atmosphäre und Stimmung

[Das habe ich in diesem Kapitel gelernt]	Klar kann ich das!	Das gelingt mir meistens.	Das fällt mir noch schwer.
+ wie Musik uns und unseren Körper beeinflussen kann			
+ wie Musik Eindrücke und Gefühle verstärken kann			
+ welche Formen der Werbemusik es gibt und welche Funktionen sie jeweils haben			

Minimal Music

(→ SB, S. 176)

Now You See It – Now You Don't

Unsere Sinne können unter bestimmten Umständen „hinters Licht geführt" werden. Eine optische Täuschung gaukelt uns etwas vor, das in Wirklichkeit gar nicht existiert. Auch in der Musik kann man „akustische Täuschungen" durch Verschiebungen und Überlagerungen von Rhythmen erzeugen.

Aufgabe 1

F 33

(→ SB, S. 176, A 4)

Höre dir „Clapping Music" von S. Reich an. Erkläre mithilfe des Notenausschnittes das Kompositionsprinzip, das hier angewendet wird. Markiere dazu auch den Notentext.

Clapping Music

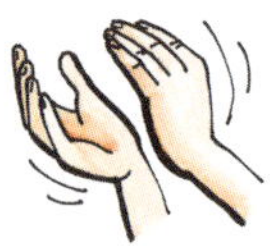

Musik: S. Reich

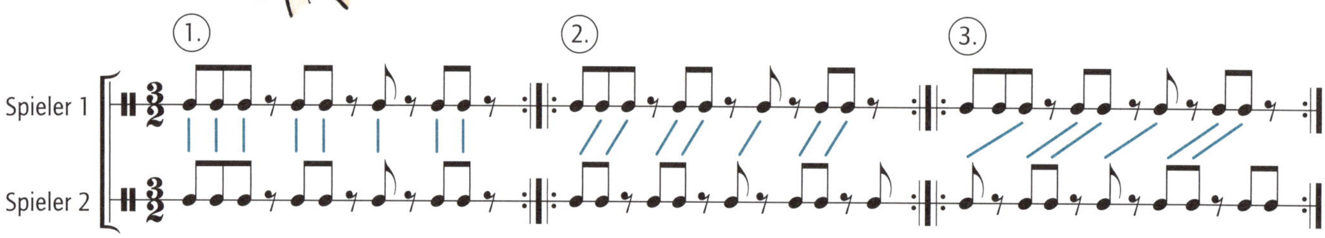

____

____

____

____

____

! Grundwissen aktiv

Minimal Music

Beantworte folgende Fragen mithilfe der Wissensbox im Schülerbuch (S. 176).

Wann und wo entstand Minimal Music?

____

Was ist das besondere Kennzeichen dieser Musik?

____

____

____

Welche Musiker waren federführend?

____

Aufgabe 2 F 34

(→ SB, S. 177, A 5)

Höre dir das Hörbeispiel der Gruppe *Kraftwerk* an.

a) Wie wirkt der Song auf dich? Markiere die zutreffenden Aussagen im linken Feld farbig. Ergänze gegebenenfalls weitere Beobachtungen.

b) Höre den Song noch einmal an. Trage stichpunktartig die musikalischen Gestaltungsmittel ein, die diese Wirkung erzielen.

Wirkung	musikalische Gestaltungsmittel
❖ eingängiger, aber monoton wirkender Gesang	______
❖ stimmungsvoll und rockig	______
❖ steriler Klang	______
❖ sehr abwechslungsreich und vielfältig	______
❖ wenig Abwechslung	______
❖ ausdrucksvoller Gesang	______
______	______
______	______

Aufgabe 3

Ergänze den Lückentext.

Die Ursprünge des Techno liegen in den ________ . In den 1970-er-Jahren experimentierten Künstler in Chicago mit am Computer generierten Klängen. Sie wurden u. a. von der deutschen Band ________________ inspiriert, die für ihre Musik hauptsächlich ____________________ Instrumente wie z. B. __________________ nutzten. Die Musik, die daraus entstand, nannten sie House. Künstler in ______________ griffen diesen musikalischen Impuls auf und schufen Mitte der 1980-er-Jahre ____________ . Es dauerte nicht lange, bis Techno nach Deutschland kam und auch dort seinen Siegeszug feierte. Während die ersten Technoproduzenten noch Synthesizer mit analoger ________________________ verwendeten, werden heute fast ausschließlich ______________ und ___________________________ eingesetzt.

Auswahlbegriffe: *Computer – Detroit – elektronisch – Klangerzeugung – Kraftwerk – Softwareinstrumente – Synthesizer – Techno – USA*

Aufgabe 4

(→ SB, S. 177, A 7)

a) Höre dir den Anfang des Songs „Spitz-Auge“ des Berliner Technoproduzenten Paul Kalkbrenner an. Trage in der Grafik ein, welche neuen Instrumente wann hinzukommen. Nutze zur Orientierung eine Stoppuhr.

Instrument											
Bass-Drum											
Synthesizerbass											
Samplegeräusch											
	0:00	0:15	0:30	0:45	1:00	1:15	1:30	1:45	2:00	2:15	2:30

b) Markiere die nachfolgenden Beschreibungen, die auf „Spitz-Auge“ zutreffen.

abwechslungsreiche Basslinie - an einer Stelle plötzlicher Abbruch („Break“) - ausschließlich schrille Klänge - es bleibt immer leise - hauptsächlich Streicherklänge - kurze Patterns - immer mehr Sounds kommen hinzu - Sounds verändern ihre Klangfarbe allmählich (Filtereffekte) - Sounds werden langsam eingeblendet

Aufgabe 5

(→ SB, S. 177, A 8)

Erstellt in Partnerarbeit auf dem Drumcomputer ein eigenes House-Pattern. Tragt euer Ergebnis in das unten abgebildete Raster ein. Die Bass-Drum („Four to the Floor“) ist bereits vorgegeben.

Sechzehntelnoten	01	02	03	04	05	06	07	08	09	10	11	12	13	14	15	16
Bass-Drum	X				X				X				X			

Klanginstallationen

(→ SB, S. 178)

Aufgabe 6

(→ SB, S. 179, A 2)

Du findest das Projekt „German SoundMap“ im Internet unter www.map.sounding-d.de. Finde in der SoundMap folgende Sounds und notiere die jeweilige Adresse im entsprechenden farbigen Adressfeld:

Sound

Stuttgart
spielende Kinder, Kirchenglocken, Verkehr

Adresse

____

____

Adresse

____

____

Saarbrücken
Turbinen

Oldenburg
Hafenbetrieb

Dresden
Fahrräder, Stimmen, Skateboardfahrer

Adresse

____

____

Adresse

____

____

Musik in virtuellen Klangwelten

(→ SB, S. 180)

Aufgabe 7

(→ SB, S. 181, A 3)

Mit dem Online-Programm „musicshake" kann man Instrumente auswählen, Patterns zusammenfügen und so den Ablauf eines Songs gestalten.

a) Du findest das Programm im Internet unter www.musikshake.com. Klicke anschließend in der obersten Zeile auf „Make Music!" und mache dich mit dem Programm vertraut:

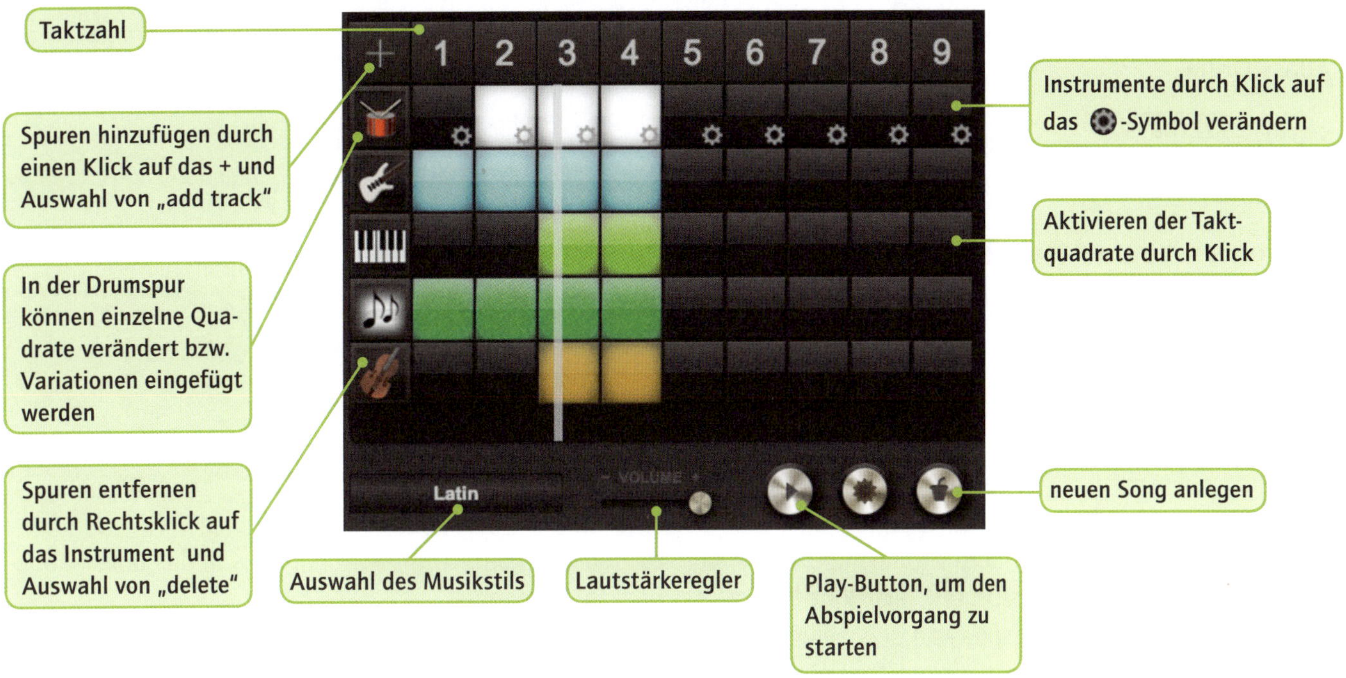

b) Erstelle einen Sommer-Sonne-Feriensong. Gehe dabei in folgenden Schritten vor:

Schritt 1: Lege einen neuen Song (Symbol → New → Genre tempo wizard) an. Wähle einen passenden Musikstil und ein Tempo aus.

Schritt 2: Erstelle die Strophe. Höre dir die Spuren (Tracks) nacheinander an und verändere durch Klick auf das Symbol , was dir in den einzelnen Abschnitten nicht gefällt.

Schritt 3: Erstelle als nächstes den Refrain. Achte darauf, dass der Refrain sich von der Strophe absetzt. Du kannst z. B. die Harmoniefolge ändern (klick auf die Zahlen), die Schlagzeug-Begleitung ändern () oder noch eine weitere Spur bzw. ein Instrument hinzufügen (+).

Schritt 4: Überlege: Wovon soll dein Song handeln? Höre dir die Begleitung immer wieder an und lasse dir dabei einen Text einfallen. Sprich den Text dazu, vielleicht entsteht dabei im Kopf auch eine Melodie.

Schritt 5: Spiele die Begleitung ab und singe oder spreche deinen Text dazu. Nimm das Ergebnis auf (Handy, MP3-Rekorder etc.).

[Das habe ich in diesem Kapitel gelernt]	Klar kann ich das!	Das gelingt mir meistens.	Das fällt mir noch schwer.
+ was Minimal Music ist und wie sie aufgebaut ist			
+ etwas über die Musikkultur des Techno			
+ einen eigenen Technotrack zu produzieren			
+ was Klanginstallationen sind			
+ einen Sommer-Sonne-Feriensong zu erstellen			

Musiklehre kurz gefasst

In notierter Musik stecken viele verschiedene Informationen.

Notenwerte und Pausen

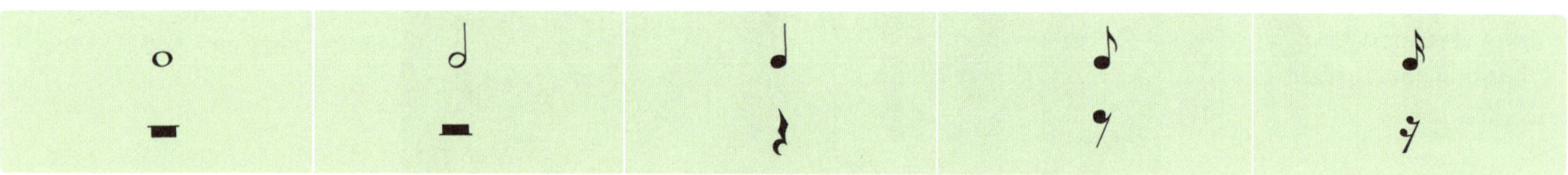

Ganze	Halbe	Viertel	Achtel	Sechzehntel

Tonbezeichnungen und Notensystem

Die sieben **Stammtöne** entsprechen den weißen Tasten auf dem Klavier. Um diese Töne aufzuschreiben, verwenden wir ein **Notensystem,** in dem sowohl **Tonhöhen** als auch **Tonlängen** notiert werden können. Jeder **Oktavraum** hat eine eigene Bezeichnung, damit die Töne eindeutig benannt werden können.

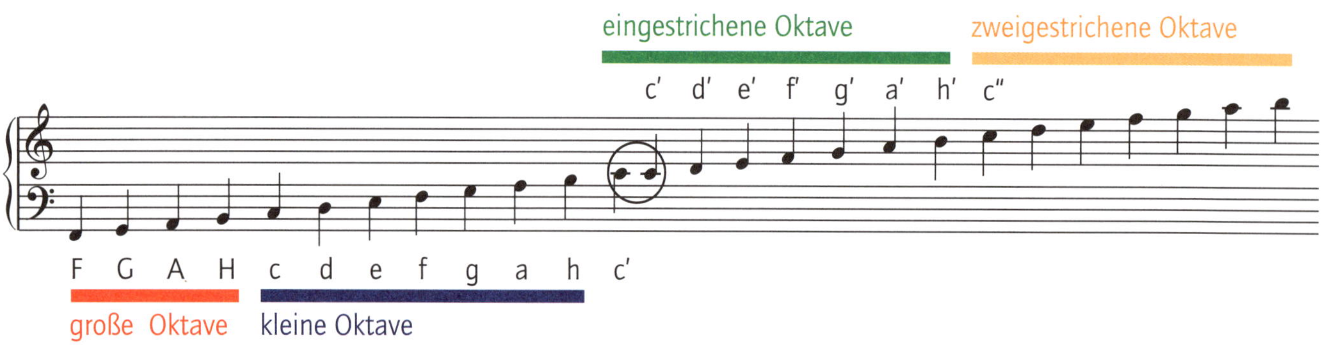

Versetzungszeichen und Vorzeichen

Stammtöne können durch Versetzungszeichen verändert werden. **Vorzeichen** stehen am Beginn eines Notensystems und gelten für das ganze System. Dagegen gelten die **Versetzungszeichen** nur für die Note und alle weiteren Noten auf dieser Tonhöhe bis zum nächsten Taktstrich.

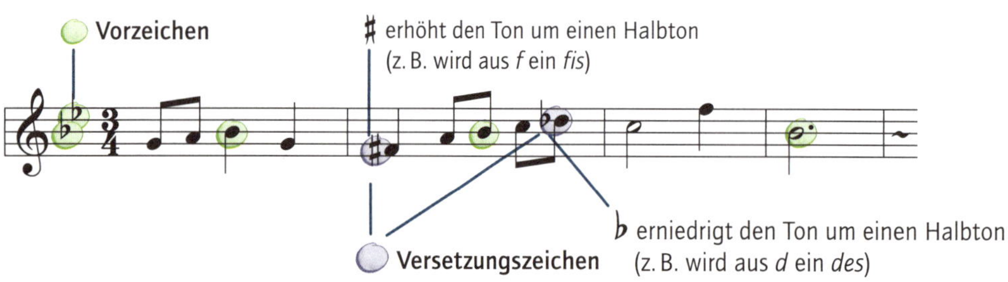

Intervalle

Ein Intervall gibt den Abstand zwischen zwei Tönen an. Die beiden Töne können nacheinander (sukzessiv) oder gleichzeitig (simultan) erklingen. Der zweite Ton kann höher oder tiefer sein als der erste.

Dur- und Moll-Tonleiter

Der Name der Tonleiter wird durch den Ton auf der ersten Stufe **(Grundton)** bestimmt. Spielt man z. B. die sieben Stammtöne beginnend mit *c*, so erklingt die C-Dur-Tonleiter.

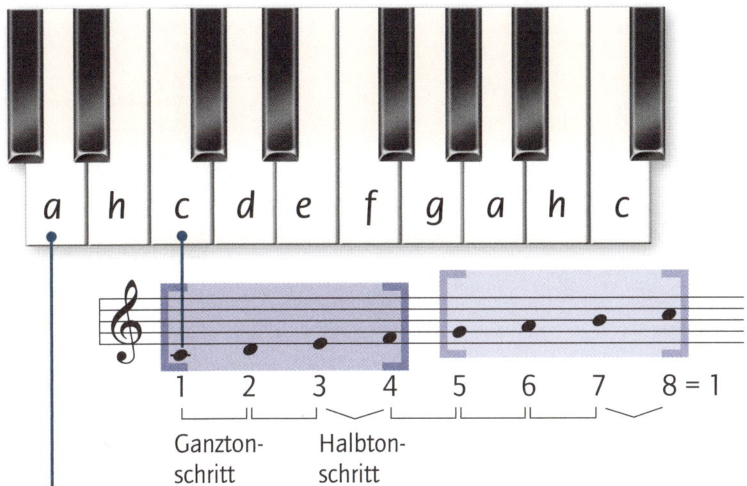

Die **Dur-Tonleiter** ist nach einem bestimmten Muster aufgebaut: Sie besteht aus acht Tönen, die eine charakteristische Abfolge von Ganz- und Halbtonschritten haben.

Teilt man sie in zwei Hälften, so ergeben sich von der Abfolge der Ganztonschritte und Halbtonschritte her zwei identische Bausteine (Tetrachorde). Die beiden Bausteine werden durch einen Ganztonschritt verbunden.

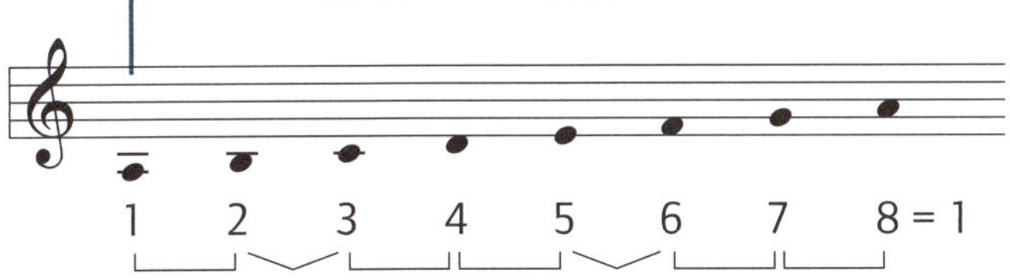

Spielt man die Stammtonreihe vom Grundton *a* aus, so erklingt die a-Moll-Tonleiter. Im Gegensatz zur Dur-Tonleiter sind bei der **Moll-Tonleiter** die Halbtonschritte an anderer Stelle, nämlich zwischen dem 2. und 3. sowie zwischen dem 5. und 6. Ton.

Chromatische Tonleiter

Einen Sonderfall stellt die chromatische (gr.: *chroma* = Farbe) Tonleiter dar. Sie ist nur aus Halbtonschritten aufgebaut, kann auf jedem beliebigen Ton beginnen und deswegen keiner Tonart zugeordnet werden. Aufwärts wird sie mit ♯, abwärts mit ♭ notiert.

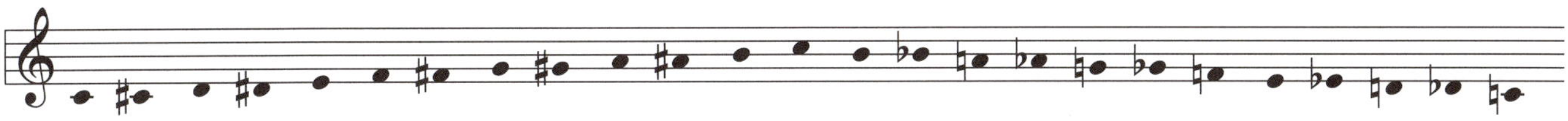

Bluestonleiter

Obwohl es keine verbindliche Bluestonleiter gibt, findet man häufig eine pentatonische Skala als Grundgerüst, die um sogenannte „Blue Notes" auf der 3., 5. und 7. Stufe angereichert wird. Eine mögliche Bluestonleiter in D umfasst folgende Töne:

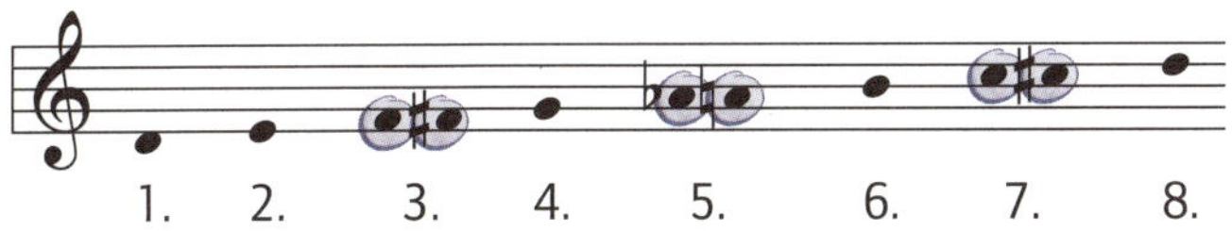

Dur- und Moll-Dreiklänge

Ein Dreiklang entsteht, wenn man drei Töne in Terzen übereinander schichtet. Der tiefste Ton des Dreiklangs ist der **Grundton** und gibt ihm seinen Namen.

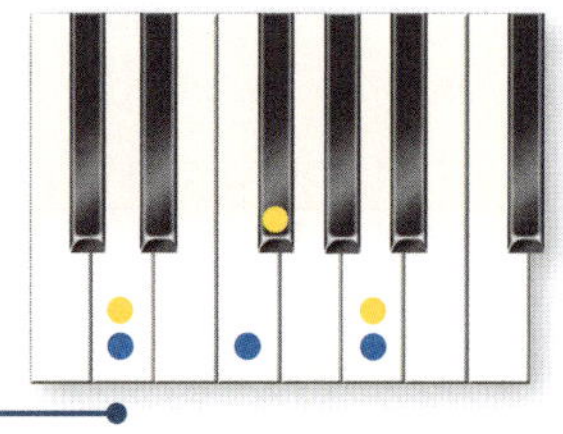

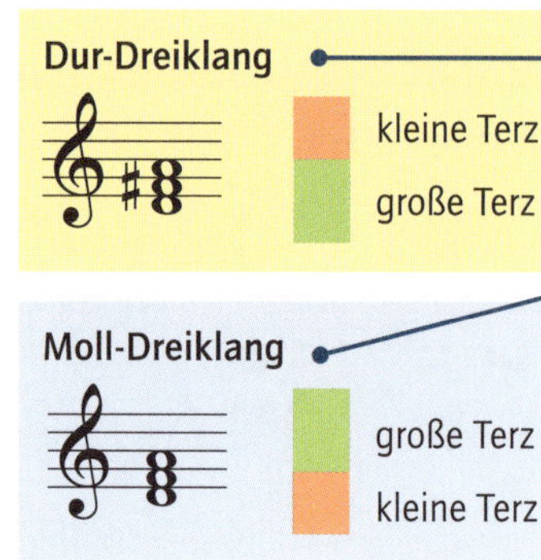

Dur- und Moll-Dreiklänge bestehen aus je einer kleinen und einer großen Terz, die unterschiedlich angeordnet sind. Dadurch ändert sich auch die klangliche Wirkung.

Umkehrungen von Dreiklängen

Ein Dreiklang lässt sich in seiner Form verändern (umkehren). Umkehrungen werden auf folgende Weise gebildet:

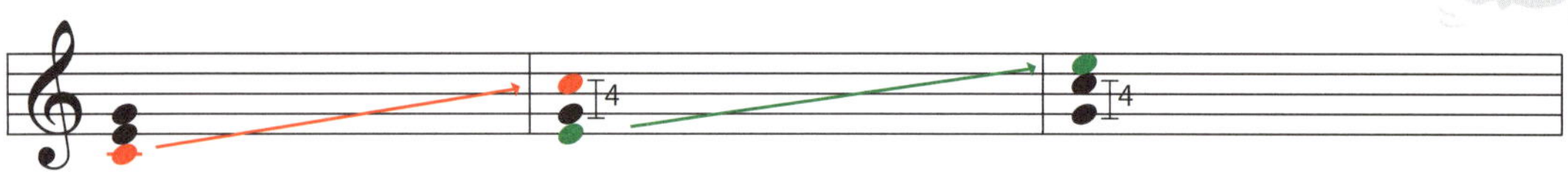

Grundstellung:
Der Dreiklang steht in Terzschichtung.

1. Umkehrung:
Der untere Ton wird um eine Oktave nach oben versetzt.

2. Umkehrung:
Der untere Ton wird um eine Oktave nach oben versetzt.

Kadenzen

Eine Kadenz (lat.: *cadere* = fallen) ist eine Abfolge von Akkorden, die harmonische Spannung auf- und wieder abbaut. Am Schluss wird die 1. Stufe der Tonleiter erreicht, die als Ruhepunkt empfunden wird.

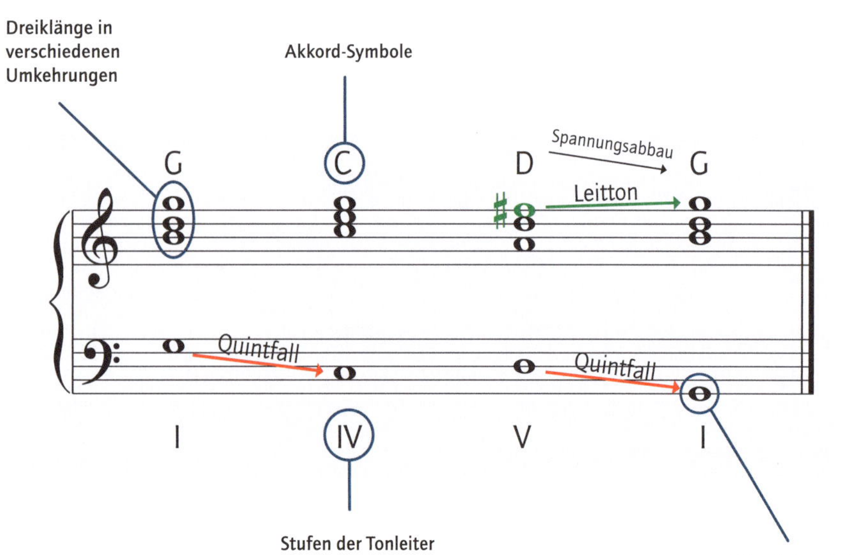

Der Spannungsabbau wird vor allem durch zwei Eigenschaften erreicht:
1. Quintfall der **Grundtöne,**
2. Fortschreiten des **Leittones** in den Schlusston. Deshalb findet man häufig solche Kadenzen, in denen beide Elemente enthalten sind.

Vortragsbezeichnungen

Musik kann ganz unterschiedlich gestaltet sein. Neben Tonhöhen, Melodieverläufen, Akkorden und Rhythmik sind auch Tempo, Artikulation und Lautstärke wichtig.

Tempo

Accelerando (schneller werden) →

Largo	*Andante*	*Moderato*	*Allegro*	*Presto*
langsam, breit	gehend	mäßig schnell	schnell, fröhlich	sehr schnell

← *Ritardando* (langsamer werden)

Lautstärke

Crescendo (lauter werden) →

pp *pianissimo*	***p*** *piano*	***mp*** *mezzopiano*	***mf*** *mezzoforte*	***f*** *forte*	***ff*** *fortissimo*
sehr leise	leise	mittelleise	mittellaut	laut	sehr laut

← *Decrescendo* (leiser werden)

Artikulation

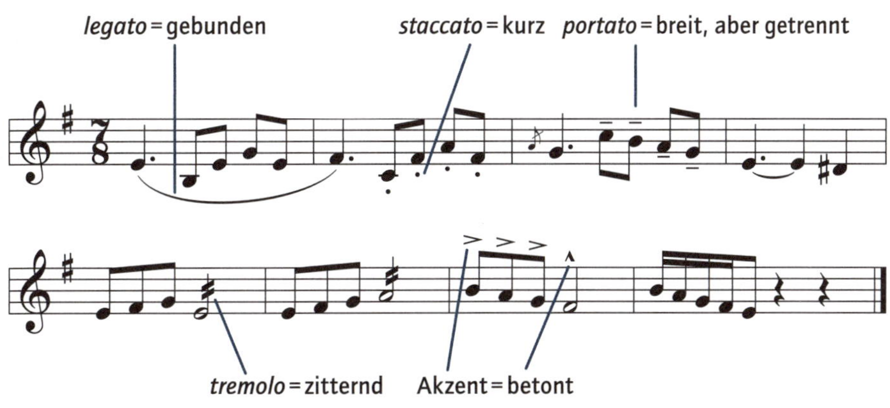

Stichwortverzeichnis

Fett gedruckte Seitenangaben verweisen auf Erklärungen in der Rubrik „Grundwissen".